中国历朝

末代皇帝

本书编写组◎编

世界图书出版公司
广州·上海·西安·北京

图书在版编目（CIP）数据

中国历朝末代皇帝/《中国历朝末代皇帝》编写组
编．—广州：世界图书出版广东有限公司，2010.10（2021.11 重印）
ISBN 978 - 7 - 5100 - 2913 - 4

Ⅰ．①中… Ⅱ．①中… Ⅲ．①皇帝 – 生平事迹 – 中国
– 古代 Ⅳ．①K827 = 2

中国版本图书馆 CIP 数据核字（2010）第 204176 号

书　　名	中国历朝末代皇帝	
	ZHONG GUO LI CHAO MO DAI HUANG DI	
编　　者	《中国历朝末代皇帝》编写组	
责任编辑	康琬娟	
装帧设计	三棵树设计工作组	
责任技编	刘上锦　余坤泽	
出版发行	世界图书出版有限公司　世界图书出版广东有限公司	
地　　址	广州市海珠区新港西路大江冲 25 号	
邮　　编	510300	
电　　话	020–84451969　84453623	
网　　址	http://www.gdst.com.cn	
邮　　箱	wpc_gdst@163.com	
经　　销	新华书店	
印　　刷	三河市人民印务有限公司	
开　　本	787mm × 1092mm　1/16	
印　　张	13	
字　　数	160 千字	
版　　次	2010 年 10 月第 1 版　2021 年 11 月第 8 次印刷	
国际书号	ISBN　978-7-5100-2913-4	
定　　价	38.80 元	

前 言

　　华夏文明已有上下五千年的历史，而其中有两千多年处于封建社会。作为封建社会最高统治者的称谓——皇帝从秦始皇的时候就有了。秦始皇统一六国后，王绾、李斯等根据三皇的名称，上尊其为泰皇。而嬴政自以为"德兼三皇，功高五帝"，决定兼采帝号，称为始皇帝，从此中国历代封建君主都称皇帝。

　　事物总是不断变化、发展的，每个开国皇帝历经困难建立新的朝代，经历后继者的努力使其发展到鼎盛，随之而来逐步衰落直到灭亡，新的朝代又建立，历史就这样不断循环往复。本书选取了自秦二世胡亥以下的十二位末代皇帝。他们分别是指鹿为马的秦二世胡亥；既是创建者又是亡国者的外戚王莽；被曹操"挟天子以令天下"的汉献帝刘协；乐不思蜀的蜀汉后主刘禅；"一着不慎，满盘皆输"的前秦宣昭帝苻坚；三征高丽、被逼自缢的隋炀帝杨广；临危受命、力挽狂澜的金哀宗完颜守绪；内忧外患、惨淡经营的明思宗朱由检……纵观这些亡国皇帝，他们大多数都碌碌无为、毫无建树，成为权臣专权的工具；他们大多数都贪图安逸、施行暴政，在全国人民的反抗中灭亡；尽管苻坚、完颜守绪、朱由检都企图振兴祖业，但都只是困兽犹斗，终究没能逃过亡国的命运。正因为如此，他们有的让我们痛恨不已，有的让我们深感同情。

正如唐太宗所说"以铜为镜，可以正衣冠；以古为镜，可以知兴替；以人为镜，可以明得失"，阅读本书，希望广大的青少年朋友不要像历朝末代皇帝那样唯唯诺诺、骄奢淫逸，我们应该独立自主，艰苦朴素；不要像亡国皇帝那样麻木不仁、心狠手辣，我们应怀有善良之心，善待他人、关心他人。这样才能在漫漫人生路上走得更远，创造出自己辉煌的人生。

编　者

❖ 目 录

◆ 秦二世胡亥

秦二世胡亥（公元前230～前207年），是秦始皇第十八子（最小的儿子），长子扶苏的弟弟，公元前210～前207年在位，史称二世皇帝。早年跟从中车府令赵高学习狱法。秦始皇出游南方病死在沙丘后，胡亥在赵高与丞相李斯的帮助下被立为太子，杀死兄弟姐妹20余人，并逼死扶苏而当上秦朝的二世皇帝。即位后，宦官赵高专权，实行惨无人道的暴政，全国上下一片骂声，农民起义不断。公元前207年，被赵高杀害。

继　位

在秦始皇的众公子中，胡亥论才干绝对不够即位的资格，但是赵高为了自己专权而一手策划了胡亥即位。长子扶苏是最优秀的，并深受秦始皇的喜爱，秦始皇也将他作为继承人来培养。为了增长他的治国经验，派他和蒙恬一块戍守北面的边境。

而胡亥在秦始皇的儿子中是出名的纨绔子弟，没有任何风度可言。有一次，秦始皇设宴招待群臣，让儿子们也参加。胡亥遵命赴宴，但他不愿和大臣们循规蹈矩地在父亲面前喝酒，吃饱了就借故退席了。在殿门外整齐地排列着群臣的鞋子，因为按照当时秦的规定，大臣进入宫殿时必须将鞋子脱下放在殿门外。这些整齐的鞋子却成了胡亥胡闹的道具。他借着酒劲，边走边随意地将群臣的鞋子踢得横七竖八。俗话说"小中见大"，后来胡亥治理天下，就像他踢鞋一样把国家"踢"得乱七八糟，最后乱得连自己的性命也搭进去了。

胡亥的公子哥的形象加上赵高的教唆，使他在邪路上越走越远。赵高本是宫中的太监，但他精通刑法，写得一手好字，并且身高力气大，因此深得秦始皇的宠信，被提拔为车府令，负责皇帝的车马仪仗。为了巴结胡亥，赵高经常教胡亥书法和如何断案，在赵高的三寸不烂之舌下，胡亥被牢牢地控制，一切听从赵高的指挥，这为以后赵高鼓动胡亥篡位打下了基础。

秦始皇最后一次出巡时，胡亥也随行，当时他20来岁，仍是个公子哥。秦始皇病死后，受到赵高的蛊惑，和赵高、李斯一起改了秦始皇立长子扶苏继承帝位的遗诏，自己登上了不属于他的帝位，结果也走上了一条不归路。

赵高的阴谋之所以得逞，李斯的作用不容忽视。赵高深知李斯的地位对他立胡亥为帝能起到举足轻重的作用，于是他找到李斯说出自己的打算，但被李斯一口回绝。

赵高则继续鼓动李斯，并不慌不忙地说："李丞相，您最好好好考虑一下，在朝中，您的功劳能和蒙恬相比吗？您的威望、您的计谋能和蒙恬相比吗？况且，扶苏对您的信任也没有对蒙恬的深，假如扶苏即位，那丞相的职位肯定就是蒙恬的了，哪还会有您的立足之地？丢掉丞相倒是小事，身首异处也不是没有可能。您还是好好想想吧，命运就掌握在您自己的手里。"

李斯权衡利弊，最终和赵高走上了一条不归路。篡改遗嘱，拥立胡亥为帝。

骨肉相残，杀害忠良

胡亥登上帝位之前就害死了自己的哥哥扶苏。胡亥和赵高、李斯一起伪造了诏书送到在北面边境戍守的扶苏和蒙恬处。假诏书斥责扶苏和蒙恬戍边十几年，不但没立战功，反而还屡次上书肆意非议朝政；指责扶苏对不能回京城做太子而耿耿于怀，怨恨不已，所以赐剑让扶苏自刎；又说蒙恬对扶苏的行为不进行劝说，实为对皇帝不忠，也令其自尽。

扶苏听了诏书，流着泪想要自刎，阅历丰富的蒙恬劝他向皇上申诉，如果诏书内容属实再自刎也不晚，但扶苏却说："父皇让我死，还有什么可申诉的呢？"说完含泪自尽。而蒙恬却据理力争，不肯自裁，使者见他不听从诏命，就将他投入阳周（现在陕西子长北）的监狱里。

胡亥做皇帝后，对众多兄弟姐妹更是残忍有加，毫无人性可言。其中最残忍的是在咸阳将12个兄弟处死。另一次在杜邮（今陕西咸阳东）又将6个兄弟和10个姐妹碾死，场面惨不忍睹。将闾等三人也是胡亥的兄弟，他们三个人比其他兄弟都沉稳，胡亥找不出什么罪名陷害，就关在了宫内。等其他的兄弟被杀后，赵高派人逼他们自尽，将闾他们对来人说："宫廷中的礼节，我们没有任何过错。朝廷规定的礼制，我们也没有违背，听命应对，我们更没有一点过失，为什么说我们不是国家忠臣，却要我们自裁？"来人答道："我不知道你们为什么被定罪处死，我只是奉命行事。"将闾三人相对而泣，最后引剑自刎。

在胡亥的众兄弟当中，死得名声好一点的是公子高。他眼看着兄弟姐妹们一个接一个被胡亥迫害致死，知道自己也难逃厄运。但逃走又会连累家人，于是下决心用自己的死来保全家人的安全。他上书给胡亥，说愿意在骊山为父亲殉葬。胡亥很高兴，又赐给他10万钱。

除了屠杀兄弟姐妹，胡亥对其他不听话的文武大臣也不放过。首先迫害的是蒙恬兄弟，开始胡亥想继续用他们，但赵高害怕战功显赫的蒙氏兄弟对自己构成威胁，就向胡亥造谣说，秦始皇原本想立胡亥做太子，但蒙恬的弟弟蒙毅在秦始皇面前毁谤胡亥，极力阻止，秦始皇才打消了立他做太子的念头。胡亥却信以为真，不但没有释放蒙恬，还将蒙毅也囚禁在代郡（今河北省蔚县东北）的监狱中。尽管有人劝阻，但胡亥不听。后来，又派使者逼蒙毅自尽，然后又派人到阳周的监狱中逼蒙恬自杀，蒙恬开始不肯，声辩说要见胡亥，请他收回诏命，使者不许，蒙恬见生还无望，只得服毒自尽。

在赵高的唆使下，胡亥对其他大臣也大开杀戒。右丞相冯去疾和将军冯劫为免遭羞辱而死，选择了自尽。在杀死大臣的同时，赵高将自己的亲信一个个安插进去，他的兄弟赵成做了中车府令，女婿做了都城咸阳的县令，朝中的要职遍布赵高的党羽。胡亥只知道自己享乐，对赵高的这些阴谋动作毫无防备，最终死在了赵高之手。

杀了许多朝中的大臣，赵高还不满足，又寻找机会唆使胡亥对地方官吏也下毒手。在胡亥即位的第三年，即公元前209年年初，胡亥效法自己的父亲巡游天下。南到会稽（今苏州），北到碣石（今河北昌黎北），最后从辽东（今辽宁辽阳）返回咸阳。在巡游途中，赵高阴险地对胡亥说："陛下这次巡游天下，应该趁机树立自己的威信，把那些不听从的官吏诛杀，这样您才能有至高无上的威信。"胡亥不问青红皂白，就连连下令诛杀异己，结果弄得大臣们惶恐不安，而年轻无为的胡亥成为奸臣赵高扩张权势、树立威信的工具而已。

当然，赵高也没有放过曾经的盟友李斯，他借胡亥之手除掉了这个对手。赵高设计，使胡亥对李斯不满，然后又找机会向胡亥捏造了李斯的三条罪状：一是李斯原来参与了拥立胡亥即位，但后来总抱怨自己不受重用，想和胡亥分土做王；二是李斯的儿子李由做三川郡守，而陈胜作乱经过三川郡时，李由却不积极镇压，因为他和陈胜是邻县的同乡，并且听说李斯和陈胜他们也通过信息；三是李斯作为丞相，权力过大，超过了皇帝，但还不满足，似乎怀有二心。

胡亥听了赵高的话，想抓李斯，但又没有真凭实据，就先派人监视李斯。李斯听到消息，就上书揭发赵高的劣迹。胡亥却不肯相信，反而将书信给赵高看。赵高知道和李斯之间是一场你死我活的斗争，就进一步地罗织罪名诬陷李斯。胡亥果然听信了赵高的一面之词，将李斯抓捕，并交给赵高负责审理。赵高自然不肯放过这个千载难逢的机会，对李斯用尽了酷刑，逼李斯认罪。李斯无法忍受酷刑折磨，只得屈打成招。赵高拿着李斯的供词上报胡亥，最后，公元前208年，即胡亥即位的第二年，李斯被处以极刑：先是黥面（即在脸上刺字，是秦朝的一种侮辱刑），然后劓（即割鼻子，也是秦的一种酷刑），砍断左右趾（即砍掉左右脚），又腰斩（拦腰斩断），最后是醢（音海，即剁成肉酱），这在当时是最为残忍的一种处死方式，叫做"具五刑"，即用五种刑罚处死。李斯的家人也难逃此劫。赵高后来终于为自己的残忍付出了代价：两年后被秦王子婴诛杀。

苛政亡国

胡亥坐上皇帝宝座之后，一心只想享乐一生，有一次他对赵高说："人这一生就像飞奔的马过墙的缝隙一样快，做了皇帝，我想尽心享乐，爱卿你看呢？"这正合赵高心意，从此只需讨好胡亥享乐，自己更大胆地专权。

有了赵高的支持胡亥还不放心，又向李斯询问如何才能长久地享乐下去。他对李斯说："我听韩非说过，尧治理天下的时候，房子是茅草做的，饭是野菜做的汤，冬天裹鹿皮御寒，夏天就穿麻衣。大禹治水时，奔波东西，劳累得大腿掉肉，小腿脱毛，最后客死异乡。做帝王如果都是这样，难道是他们的初衷吗？贫寒的生活大概是那些穷酸的书生们提倡的吧，不是帝王、贤者所希望的。既然有了天下，那就要拿天下的东西来满足自己的欲望，这才叫富有天下嘛！自己没有一点好处，怎么能有心思治理好天下呢？我就是想这样永远享乐天下，爱卿你看有什么良策？"

李斯唯恐胡亥听从赵高的话，自己失宠，于是写了一篇文章《行督责之术》，向胡亥献出了独断专权、酷法治民的治国方法。即用督察与治罪的方式来巩固中央集权，镇压百姓的反抗与违法。

有了李斯的主意，胡亥便肆意放纵自己的欲望。他继续大量征发全国的农夫修造阿房宫和骊山墓地，调发5万士卒来京城咸阳守卫，同时让各地向咸阳供给粮草，而且禁止运粮草的人在路上吃咸阳周围300里以内的粮食，必须自己带粮食。除了常年的无偿劳役外，农民的赋税负担也日益加重，终于在公元前209年激起了陈胜、吴广起义。

但二世胡亥根本不相信，只喜欢听天下太平的好话。在一次讨论是不是发兵平定起义时，胡亥竟然不同意有"反叛"的事，发兵当然也就没什么必要了。叔孙通了解胡亥，便说："他们说的天下反叛根本就不对，先皇早已经拆毁了城墙，熔铸了天下兵器，有您明主坐堂，有严明法令行于天下，国家安定，人民富足，谁还会造反呢？现在陈胜、吴广这些人只不过是几个盗贼而已，地方官正在积极追捕，请陛下尽管放心就是了。"

胡亥听了，满心欢喜，直夸叔孙通说得好，然后他又问其他人，有的说陈胜是"盗贼"，有的则说是"造反"。说"盗贼"的没有事，说"造反"的就治罪，因为说"造反"等于说天下大乱。治罪的罪名是"非所宜言"罪，就是说了不应该说的话，这种罪名是一种典型的封建专制刑法，秦朝后来虽然灭亡了，但后来的很多朝代都继续沿用了这种罪名来维护君主专制制度。

陈胜、吴广起义之后，全国各地相继爆发起义，被秦国灭掉的六国后裔们又重新打出六国的旗号反对秦朝的统治，各地称王割据的更是不计其数，陈胜的属将之一周文领兵10万直奔函谷关而来，秦朝的末日终于到了。秦始皇"传之无穷"的美梦就此破灭。

■ 相关链接

指鹿为马

秦二世时，丞相赵高野心勃勃，日夜盘算着要篡夺皇位。可朝中大臣有多少人能听他摆布，有多少人反对他，他心中没底。于是，他想了一个办法，准备试一试自己的威信，同时也可以摸清有多少人敢于反对他。

一天上朝时，赵高让人牵来一只鹿，满脸堆笑地对秦二世说："陛下，我献给您一匹好马。"秦二世一看，心想：这哪里是马，这分明是一只鹿嘛！便笑着对赵高说："丞相搞错了，这是一只鹿，你怎么说是马呢？"赵高面不改色心不慌地说："请陛下看清楚了，这的的确确是一匹千里好马。"秦二世又看了看那只鹿，将信将疑地说："马的头上怎么会长角呢？"赵高一看时机到了，转过身，用手指着众大臣们，大声说："陛下如果不信我的话，可以问问众位大臣。"

大臣们都被赵高的一派胡言搞得不知所措，私下里嘀咕："这个赵高搞什么名堂？是鹿是马这不是明摆着吗？"当看到赵高脸上露出阴险的笑容，两只眼睛骨碌碌地轮流盯着每个人的时候，大臣们忽然明白了他的用意。

一些胆小又有正义感的人都低下头，不敢说话，因为说假话，对不起自己的良心，说真话又怕日后被赵高所害。有些正直的人，坚持认为是鹿而不是马。还有一些平时就紧跟赵高的奸佞之人立刻表示拥护赵高的说法，对皇上说："这的确是一匹千里马！"

事后，赵高通过各种手段把那些不顺从自己的正直大臣纷纷治罪，甚至满门抄斩。

现在我们用"指鹿为马"比喻故意颠倒黑白，混淆是非。

◆ 新朝王莽

王莽（公元前 45 ～ 公元 23 年），字巨君，魏郡元城（今河北大名县东）人，祖居东平陵（今山东济南东），汉族。汉元帝皇后侄，新朝建立者，公元 8 ～ 23 年在位。西汉哀帝自元寿二年六月（公元前 1 年）去世后，9 岁的汉平帝即位，元后临朝称制，以王莽为辅政大臣，出任大司马，封"安汉公"。至公元 8 年，篡位称帝，登基成为一朝开国君主，改国号为"新"，年号"始建国"。直至公元 23 年赤眉绿林军攻入长安在混乱中被杀，死时 69 岁，新朝灭亡。

王莽的崛起

汉高祖刘邦建立汉朝，之后历经 13 帝，200 余年，到了孺子婴手中，即告断绝，其后经过了 20 年的战争，由汉光武帝刘秀再次复兴汉室，由于两朝都是为刘家所创，因此历史上都称汉。后人为便于区分，称刘邦所建的为"西汉"；刘秀所建的为"东汉"。在西汉、东汉之间的 20 余年，既不属西汉，又不归东汉，成了一段独立的历史，而填满这个空白的就是外戚王莽所创建的"新朝"。

王莽的崛起与王政君当上皇后有很大的关系。

王政君是王家的次女，天生丽质，18 岁的时候，被召进后宫。而她的聪慧、善于装扮，赢得了皇后的赏识，又加上只有她一人在皇太子身旁，也获得皇太子的宠爱，不久后，她就生了一个儿子。皇室有了继承人，汉宣帝非常高兴，还亲自为这孙子命名为骜，并经常带在身边，十分疼爱。

3 年之后，即公元前 49 年，汉宣帝逝世，汉元帝即位，而皇孙刘骜顺理成章地成了皇太子，王政君也当了皇后。又过了 15 年，元帝去世，年轻的皇太子骜继承了皇帝的宝座，皇后王政君升为皇太后了。皇帝年轻，皇太后王政君就顺利地得到控制政治的权力，王家的外戚也就不断地进入皇宫，升任高位、把持政权。

在汉元帝时，王政君的父亲王禁被封为平阳侯。王禁死后，由他的长子王凤（王政君的弟弟）继承侯位，到了刘骜即位时，王凤升任为大司马、大将军，并且兼任了尚书的职位。可见王氏一族权倾朝野。

王莽也是王氏一族的人，他的父亲王曼是王皇后的同父异母弟弟（王政君有同母、异母兄弟 8 人），王皇后算得上是王莽的姑姑，当朝的成帝是他的表兄弟，在这样有利的环境下，王莽应该早就进入朝中做官了，但事实并非如此。因王莽父亲早死，所以他没有被注意到，结果一族人中的堂兄弟都做了将军、王侯，每天都威风凛凛地进出朝中，只有王莽一家过着贫困的生活。因此，他们对王莽不屑一顾。悬殊的待遇，使年纪轻轻的王莽在心中已烙下了难以抹去的阴影，这样的境遇，更是影响了他以后的为人态度。

王莽谦虚恭谨，不表示自己的意见，总是听从别人的意思去行事；他又好学，每天穿着儒生的衣服，认真地念书。而他的堂兄弟们都有官位，整天穿着华丽的衣服，到处游玩，或到酒楼中饮酒作乐，从不做正经事，他们和穷酸的王莽相比，有着天壤之别。

由于生活所迫，王莽不仅要服侍母亲，还得照顾年纪轻轻便死了丈夫的嫂子和侄儿，他的至亲至孝，赢得了邻里的称赞，另一方面他也没有忘记为自己的将来打算，他广结人缘，善待亲友；在家族中又尽力地服侍伯父、叔父们。因此，在长辈的眼中，王莽是一个乖巧有礼，又能孝顺父母、尊敬兄嫂的好孩子，有着难能可贵的好品性。

王凤是王氏一族的中心人物。一天，这位大将军病倒了，且病势越来越糟。王莽听说了这消息，立刻搁下了手中所有的事，跑到了伯父王凤家去照料王凤。就这样，他一直陪侍在王凤身旁，达2个月之久。他照顾伯父，到了脸也不洗，整天蓬头垢面，甚至不眠不休地看顾伯父的程度。他如此做实在不是件寻常的事，有谚云："久病无孝子。"何况王莽所侍奉的并不是自己的父母，而仅仅是他的伯父，这就更难能可贵了。王莽为何会这么做，其实是有目的的，他想到自己的前途就决定于这一刻，于是继续卑躬屈膝地照顾伯父。

2个月过后，王凤终因无法医治而去世了，其临终遗言，扭转了王莽的一生。由于王凤死前向皇太后和汉成帝推荐了王莽，不久后王莽便做了黄门侍郎。尽管黄门侍郎不过是个小小的官职，但毕竟是王莽的入门阶梯。同时，王莽也从这件事中得到了启示，他觉得用阿谀奉承的方法来待人处世，是晋升的一条捷径。

雄心勃勃的王莽并不满足于一个黄门侍郎的官职，他又用狡诈的奉承术及亲身的践行，升上了射声校尉。任职者多为皇帝之亲信，由他的升任来看，可知他下了不少工夫。当然他个人的努力勤勉，也是获得皇帝赏识的重要原因。

王莽晋升的顺利，除了自己的努力之外，还有伯、叔父们的推荐及地方名士的褒举，使得汉成帝更加信任他，又封他为新都侯，赐予1500户的领地，此时王莽30岁，他开始与一族的人相抗衡，毫不卑屈。后来王莽又任骑都尉、光禄大夫、侍中等职务，越爬越高。

但他并不骄傲，反而越加谦恭有礼，使接近他的人都喜欢他。王莽又十分大方，他把每次任职所得的金钱，都拿出结交宾客，而且特别喜欢和有权势的人来往，他的这一切行为，都是为了要爬得更高，得到更大的权势，可见其野心。

在王莽"严于律己，宽以待人"的处世态度下，他的声望越来越高，终于在绥和元年（公元前8年），登上了大司马的位置，统理国家朝政。大司马的职位，从王凤开始，一直为王氏一族人中年纪较长、较有声望的人来担当，此时王莽才38岁，正是壮年时，若不是靠他八面玲珑的工夫，他是不可能得到这一职位的。

王莽在一族人中，虽然已远超其他的人，身居朝中最高官位，但他仍然朴实谦恭，照样将所得到的钱财，毫不吝惜地分散给人，且常宴请有势的人，以得他们的拥护，从而进一步提高自己的名声。

有一回，王莽的母亲病了，朝中的官员们知道了这件事，纷纷请他们的夫人到王家去探病。到了王莽家后，出来了一个身穿及膝衣裳的女人接待她们，这些贵夫人以为她是婢女，后来知道她就是王莽大司马的夫人时，吓得不敢多言。原来在朝中任职的大官们，各个有钱有势，他们的夫人，也都打扮得很华丽，穿的是当时流行的及地长裙。而王夫人竟是一身"衣不曳地，布蔽膝"的装扮，确实像个服侍人的婢女，怎能不叫这群贵夫人们惊讶呢？

王莽这种克勤克俭的生活，被当时的人传为美谈。

登上皇位

王莽实现了他长久以来的理想，登上了大司马的宝座。但他才做了5个月的大司马，还未过足官瘾，成帝就驾崩了。这个变故，对他们王家来说有很大的影响，对王莽的大司马之位，更有动摇之势，因为即位的哀帝，并不是成帝的儿子，与王家毫无血缘关系，王莽也就不可能再继续任大司马。

哀帝即位时，年方20岁，仅是一个年少无知的皇帝，又因他的祖母傅氏、母亲丁氏都还健在，朝政大事就落入外戚的手中，使傅、丁二氏，又建立起庞大的势力。在傅氏升为太皇太后、丁氏升为皇太后的同时，王太后只得退居后宫，虽然她得了一个"太皇太后"的称号，但再也不能参与国家的任何政事，因而哀帝在位的几年中，她过得非常不愉快，更令她心痛的是，王家在朝中的势力也完全瓦解。

当年元帝在位时，傅太后曾一度与王"太皇太后"争宠，然而王氏的势力极大，在朝中是无人可及的，她的儿子本来可登上皇位，也因王氏的势力而不得逞，使傅太后怀恨在心，一旦其孙即位，她就立刻削去王氏一族的势力，进而怂恿哀帝，希望能抬高自己的身份，而比"太皇太后"更高；其次，傅太后也想将她的家族引进宫中，把持朝政大纲。她派人诽谤不愿服从自己的大臣，又升任自己的心腹为丞相，使他们上奏皇帝，哀帝在不得已的情况下，又封了她一个"皇太太后"的怪称号，总算傅太后的"皇太太后"可以和王氏的"太皇太后"分庭抗礼了。也因为其地位的高升和权力的加大，傅太后的族人也就不断地进入朝中，达到了她原先的目的。

丁太后一族进入朝中的情形和傅太后大同小异。

傅氏、丁氏的族人已完全取代了成帝时代的王氏，他们毫无顾忌地在朝廷中耀武扬威，一点也不逊于当年的王氏。

面对这样的局面，聪明的王莽在哀帝即位不久，便上书辞职，但是大司马是一个国家的栋梁，加上朝野人士都极看重王莽，若哀帝随意答应了他的辞职，无疑是自打嘴巴，所以哀帝安抚了王莽，留他继续担任大司马之职。然而王莽早已看清当朝的局势，他已不可能再被重用，因此在他心中早有打算，非得要辞掉大司马一职不可。

不久，在未央宫设有酒宴，一个宦官为了要讨好傅太后，立即将傅太后的坐席和太皇太后的坐席并排，王莽闻知道这件事后，立刻查明实情，将管理宦官的人叫来叱责了一顿，并且说："定陶太后藩妾，何以得与至尊并！"

王莽的话一出口，立即传到了傅太后的耳中，傅太后大怒，不肯去赴宴，从此怨恨王莽。

经过这件事后，王莽再次提出辞呈。在祖母傅太后的压力下，哀帝不得不考虑是否要再用王莽。尽管无缘无故地批准王莽辞职，一定会遭到朝中上下的非议，但无法承受傅太后的压力，因此，批准王莽离去。王莽去职时，哀帝赐予他黄金500斤，安车驷马，并且让王莽在朔望以三公之礼觐见。

王莽之所以敢用"藩妾"的字眼来说傅太后，绝非脱口失言，而是经过缜密计划的。他早知道自己待在朝廷中高职，一定会遭人嫌忌，而哀帝又不允准他辞职，所以他只得使用一些小手段，达到他的目的。果然，事情完全照着他的计划进行着。

在王莽的计划中，早就想到傅太后在朝中盛气凌人，他的姑妈太皇太后也早被打入后宫不得问政。因此他借着这个机会，杀一杀傅太后的锐气，以报答不断提拔自己的太皇太后。况且，他因一句公允的话而遭到离职的下场，朝野人士知道后，一定也会同情他的。他周详地算计之后，才放手去做。如此的迂回战术，摆脱了大司马的官职，又达到了自己的目的，真可谓"大奸似忠"。

就这样过了 2 年，傅氏、丁氏倚权挟势地奠立了一族人在朝的势力，哀帝也成了傀儡，任她们摆布，傅太后的权势就越来越大了。有人想阿谀傅太后的权势，就出面弹劾王莽，这让伺机而动的王莽只得奉命蛰居封地，无法自由觐见皇帝。

这么一来，王莽不得不再运用手段，来重新取得朝野人士对他的信任。王莽在封地过了 3 年漫长的日子。这期间，王莽的次子王获误杀了一个家奴，王莽立即让儿子负起责任，以自杀来表明自己的错失。他的儿子死后，消息不胫而走，使得乡里的人都相信王莽是一个刚正不阿的人，于是声名又渐隆盛，朝中为王莽上书的，不下百件，而这些上书皇帝的人，并非乡中野老；反之，个个都是地方上有权有势的人。哀帝不能再置之不理，就将王莽召回国都长安。王莽所费的心力，收到效果，在他认为即使失去了儿子，也是值得的。

王莽被召回长安后不久，傅太后就去世了，而丁太后早在 3 年前就死了。傅氏、丁氏的死，减轻了王莽很大的压力。又过了 1 年，哀帝驾崩。消息传到太皇太后王氏的耳中后，她立即到放置哀帝遗骸的未央宫去，取走了皇帝的印信"玉玺"，并且派人到王莽家去，告诉他哀帝驾崩的消息，请王莽到宫中一趟。

太皇太后在危急中找来王莽商议朝政，决定立年仅 9 岁的中山王之子为皇帝，史称汉平帝。至此，太皇太后亲临朝政，王莽也恢复了大司马的官位，朝廷的政权又落入王氏的手中。

当王莽再握政权时，他开始起用自己的亲信，同时也铲除了所有反对他的党派。无论大小事情，王莽都有周详的安排和巧妙的手段，而排除反对党的势力，他也极高明地用了"借刀杀人"的手法，完成了自己的心愿。异己被一一铲除，使王莽更能随心所欲地总揽朝中大权，巩固自己的地位。

同时，王莽还时时要提高自己在朝野人士中的地位。他仿效周公以蛮族献白雉为祥瑞之事，派人到益州去唆使当地的蛮族献白雉到朝中。南方蛮族依言而行，朝中群臣不明就里，齐口同声地说，这种祥瑞是因王莽治国有功，于是禀奏太皇太后，太皇太后一乐，就以皇帝的名义，赐给王莽"安汉公"的称号，又赐予相对应的俸禄和封地。可是王莽却假意推辞，太皇太后见王莽这样谦虚，更是非要封给他不可，王莽推辞 4 次之后，才"勉强"地接受这个封号。

此外，王莽还善于收买人心。公元 2 年，各地的旱灾和蝗害接踵而来，使得人民颠沛流离，饥荒频起。王莽在此时奏请太皇太后减少宫中宴饮的情形，并请太皇太后穿朴素的衣裳，和人民共甘苦。他自己也以身作则地献出百万钱财和 30 顷良田，作为灾害的救济，在下的官员们，看到王莽如此的作为，群起效尤，无人敢落其后。王莽在人民心中的地位和声望大大地提高。

为更好地巩固自己的权力，王莽想让自己的女儿做皇后，因此向太皇太后提出了许多冠冕堂皇的理由，说皇帝必须继嗣，要早选后妃，太皇太后就答应了选后妃一事。为了公平起见，王莽不得不举办选后妃的形式，但来参选的人，有许多是王氏一族的女子。王莽怕自己的女儿与她们争斗的胜算不大，所以，又向太皇太后说他的女儿才德低劣，不得与众女子并列，太皇太后为其诚实、谦虚所感动，于是下令不让王氏一族的女子参与选妃。这件事传到朝中群臣的耳中，他们也被王莽的行为感动了，立即发起了请愿团，到朝中向太皇太后请愿，一致要求立王莽的女儿为皇后。民间的市井之徒，也纷纷的打起"安汉公的女儿，才适合母仪天下"的口号。由于朝野人士的共同请愿，使太皇太后不得不顺应民意，立王莽之女为后。

过了3年，皇帝又赐王莽新野封地，王莽连忙谦让不肯接受，结果为他上书的人前后达到48万人之多，群臣涌到朝中，要求一定要连赏安汉公。

王莽在权力和声望都具备的条件下，于公元4年，又封为"宰衡"的称号，5年更获"九锡"（为车马、衣服等九种用品）之隆宠。无论从名誉上或实质上来说，他所得到的都是朝中最高的荣誉和享受。

平帝死后，王莽迎立宣帝的玄孙广戚侯孺子婴为皇帝，当时子婴只有2岁。王莽以子婴年幼为借口，由他代理国政，坐上了"假皇帝"之位，但王莽又怕有人非议，于是又借符命之意达己心愿。当时在武功县，有人在清理水井时，发现在一白石头上，刻有"告安汉公莽为皇帝"等字，王莽就差人去告诉太皇太后。尽管太皇太后反对，但是她已无法束缚在朝中独揽一切的王莽，因此有些大臣劝太皇太后先答应，再从长计议，太皇太后也只得如此。

过了3年，有一位叫哀章的人，献了一个铜柜给王莽，柜上有天帝和赤帝（汉高祖）的封印，打开来后里面写有"王莽为真天子，皇太后如天命"等句，还列出了辅佐王政的人的名字，其中便有哀章本人在内。这些符命不用说，是哀章自己所伪造的。他如此做，正好让王莽又借符命之意，登上了天子之位。哀章原本是个素行不良，又好大言的人，但他十分聪明，看出了朝廷当时的情势，捉住了王莽篡位的心理，使得一无所有的他，在王莽即位之后，获得了一个国将的头衔。

公元8年，王莽登上皇帝的宝座，改国号为"新"，达成了他平生的愿望，而汉朝也在王莽称帝后，无形地消失了。王莽虽登上帝位，但还未得到汉朝的"传国之玺"，而没有玉玺就无法确立他皇帝的威严，因此王莽派人向太皇太后索取"传国之玺"。此时的王莽完全不听太皇太后的话，更不把她放在眼里，如今又派人来索玉玺，真是把太皇太后气极了，于是大骂王莽是"不知恩的家伙"，然后将玉玺扔在了地上。

新政亡国

王莽之所以能创立新朝，登上帝座，更多的多是靠群臣和人民的支持，但是在他身旁的人，并非完全看不出他的野心，因此也有一些人是反对他的。例如，安众公刘崇、东郡太守翟义、徐乡侯刘快等人都曾举兵反抗王莽的统治，但是没有一个人能造成较大的影响，起兵不久就被王莽的军队镇压下去。其余不抵抗新朝的人，皆对新朝寄以很大的期望，他们期望能在王莽的统治下蒸蒸日上、国泰民安。

可惜，王莽即位后不到10年，天下形势完全改观，各地竞相以"再兴汉室"为口号，纷纷起义，要打倒王莽的政权，而这种情形不但没有被王莽平定下来，反而像滚雪球一般，越滚越大，以致天下局势陷入一团混乱，几年之后，王莽在挡不住义军攻击的情况下，被义军砍杀而死。新朝仅仅一帝，15年的时间就告结束。

王莽在位期间，也确实采取了一系列措施："更名天下田曰王田"，私人不得买卖，用恢复井田制的办法来解决土地问题；改奴婢为"私属"，亦不得买卖；实行"五均六筦"，即在国都长安及五大城市设立五均官，政府管理五均赊贷及管理物价，征收商税，由政府经营盐、铁、酒、铸钱和征收山泽税；改革币制；改革中央机构，调整郡、县划分，改易官名、地名；改变少数民族族名和首领的封号，等等。

只是实践证明，王莽新政的措施并没有带来经济、政治等方面的发展，反而使自己走上了灭亡之路。如"王田制"将全国土地收归国有，并按井田制重新分配。王莽希望立即消除土地兼并，但这一政策违背了当时封建土地私有制的发展规律，从而注定了它的失败。结果，既没有能力兑现无田者可按标准受田的承诺，又损害了官僚大地主的特权利益。再加上，改革过程中急于求成，损害了大多数人的利益，失去了改革的社会基础；强制推行新政，引起了广大民众的不满。

此外，王莽为了要扩张自己的势力，不惜扰乱匈奴，致使匈奴反叛，不归顺新朝，王莽立即派 30 大军万前往征伐，但是路途遥远，补给困难，加上新朝国内饥荒不断，无法支援征战匈奴的大军，因此这支征伐在边界上进退两难，多数人都曝尸荒野。这一项对外政策的失败，更增加了国内政情的紊乱。

地皇三年（公元 22 年），王莽见各地农民相继起义，王匡、廉丹等数战不利，知道天下即将大乱，而自己已无计可施，于是议遣风俗大夫司国宪等分行天下，解除井田、奴婢、山泽、六筦等禁令，将即位以来不利于农民的政令收回，只是还没来得及实施，舂陵就发生了大的农民起义，新朝灭亡。

绿林赤眉起义

王莽改制引起了社会经济的大混乱，加上在新法推行的过程中滥用刑罚，造成民不聊生，使社会危机进一步加深。农民反抗斗争此起彼伏，最后终于酝酿成了以绿林军和赤眉军为代表的大规模的农民起义。

公元17年，南方荆州（今河南南部、湖北中部、湖南西部）闹饥荒，老百姓不得不到沼泽地区挖野荸荠充饥。人多野荸荠少，引起了争夺。新市（今湖北京山东北）有两个有名望的人，一个叫王匡，一个叫王凤，站出来调解饥民之间的矛盾，受到了大家的拥护。于是王匡、王凤顺应民意，把几百名饥民组织起来起义，又收留了外地流亡来的马武、王常、成丹等人，占领了绿林山（今湖北大洪山）作为基地，举起了绿林军的起义大旗。绿林军发展十分迅速，两三个月就有近万名贫苦农民加入，王匡、王凤成为绿林军的领袖。

王莽派了2万官兵去围剿绿林军，被绿林军打得大败而逃。绿林军趁势攻下了几座县城，打开监狱，放出囚犯；把一部分官家粮仓里的粮食分给当地穷人，大部分搬到绿林山。投奔绿林山的穷人越来越多，起义军增加到5万多。

第二年，绿林山上不幸发生了疫病，5万人死了近一半，侥幸存活的人只好离开绿林山，后来分作3路人马——新市兵、平林（今湖北随州东北）兵和下江（湖北西部以下的长江叫下江）兵。这三路人马各自占领一块地盘，队伍逐渐强大起来。

当南方的绿林军在荆州一带打击官兵的时候，东方的起义军也壮大起来。琅琊（今山东诸城）有个姓吕的老大娘，儿子是海曲（今山东省日照市）的一个公差，因为没肯依县官的命令毒打没钱付税的穷人，被县官杀害了。这件事引起了当地百姓的不满，上百个穷苦农民团结起来替吕母的儿子报仇，杀了县官，跟着吕母逃到黄海，一有机会就上岸打官兵。

这时候，另一个起义领袖樊崇带领几百个人占领了泰山。吕母死了后，手下的人投奔樊崇起义军。不到 1 年工夫，就发展到 1 万多人，起义军一直打到泰山郡（今山东泰安），在青州（今山东中部）和徐州（今江苏北部）之间来往打击官府、地主。

樊崇的起义军很讲纪律，并规定谁杀死老百姓就要被处死，谁伤害老百姓就要受罚。他们没有文书号令，没有旗帜标志，也没有官爵封位，起义军领袖和普通老百姓平等相处。所以，得到了普通老百姓的拥护。

公元 22 年，王莽派太师王匡（和绿林军中的王匡是两个人）和将军廉丹率领 10 万大军去镇压樊崇起义军。樊崇做好准备，跟官兵大战。为了避免起义兵士跟王莽的兵士混杂，樊崇叫他的部下都在自己的眉毛上涂上红颜色，作为识别的记号，因此被称为"赤眉军"。

王莽的军队和赤眉军打了一仗。结果，官兵打了败仗，逃散了一大半。太师王匡的大腿被樊崇扎了一枪，逃了回去；将军廉丹在乱军之中被杀了。赤眉军越打越强，发展到了 10 多万人。

绿林、赤眉两支起义大军分别在南方和东方打败王莽军的消息一传开，各地农民纷纷响应。黄河两岸的大平原上大大小小的起义军有几十路。一批没落的贵族和地主、豪强也趁机起兵，反对王莽。

南阳郡春陵（今湖南宁远北）乡的豪强刘縯、刘秀兄弟两人，因为王莽废除汉朝宗室的封号，不许刘姓人做官，心里怨恨，发动族人和宾客共七八千人在春陵乡起兵。他们和绿林军三路人马联合起来，接连打败了王莽的几名大将，声势逐渐强大起来了。

绿林军的几支队伍没有统一的指挥。将士们认为人马多了，必须有个首领，才能统一号令。一些贵族地主出身的将军，利用当时有些人的正统观念，认为一定要找一个姓刘的人当首领，才能符合人心。

绿林军里姓刘的人很多，该推谁做首领呢？春陵兵想推刘縯，可是新市和平林兵的将领怕刘縯势力太大，决定立破落的贵族——刘玄做皇帝。刘縯又提出等消灭了王莽、收服赤眉军以后，再立皇帝，也遭到反对。刘縯觉得自己力量不够，也只好同意大家的提议了。

公元23年，绿林军各路将士正式拥立刘玄做皇帝，恢复汉朝国号，年号"更始"，所以刘玄又称更始帝。更始帝拜王匡、王凤为上公，刘縯为大司徒，刘秀为太常偏将军，其他将领也各有各的封号。从此，绿林军又称为"汉军"。接着，王凤指挥八九千农民军，英勇杀敌，里外夹攻，打败了王莽围攻昆阳（今河南叶县）的42万大军。

昆阳之战是我国历史上以少胜多的著名战役。随后，绿林

军攻入长安。长安城内百姓乘机暴动，打进皇宫，处死王莽。

刘玄政权建立不久就迁都洛阳。第二年又迁至长安。在刘玄迁都洛阳时，赤眉军领袖樊崇亲率起义军首领20多人去洛阳，表示对更始政权的信赖和支持。就在这时，刘玄这个没落贵族的地主阶级本性也开始暴露出来。他日夜在后宫饮宴，先后将农民将领申屠建、陈牧、成丹等人用计骗进宫中杀害。樊崇为了团聚部众，离开洛阳。

刘玄又派军队攻打王匡为首的绿林军领导人。农民军和刘玄集团矛盾逐渐暴露，并日益尖锐起来。与此同时，混入绿林军的另一地主阶级分子刘秀，到河北发展自己的势力，于公元25年6月建立了东汉政权。

赤眉军在樊崇等的率领下，兵分2路向西进发，所过之处，都会给封建统治势力一次扫荡和打击。公元25年正月，向弘农（今河南灵宝南）进军。这时，义军已扩大到30万人，樊崇把起义队伍进行了整顿，分万人为1营，共30营。这年6月，赤眉军进至华阴（今陕西华阴东南）。这时由更始政权中逃出来的一个地主阶级分子劝说樊崇立宗室。农民军由于受封建正统思想的影响，樊崇从队伍中找出来姓刘的70多人，最后以抽签的办法选出15岁的牧牛娃刘盆子为皇帝，年号"建世"，国号"汉"。皇帝有了，下一步当然要设立文武百官。樊崇是赤眉军领袖，威信最高，因此丞相一职理应由樊崇担任。但樊崇不识字，不能看、批公文，只好由初识几个字、能读懂《易经》的徐宣作了丞相，樊崇作御史大夫，逢安、谢绿分别做了左、右大司马。革命政权就这样组成了。9月，赤眉军攻打长安，更始帝刘玄投降，被农民军处死。

赤眉军进长安后，经过整顿，纪律严明，各营闭门自守，长安附近治安良好。躲避王莽之祸或躲更始政权骚扰的长安市民纷纷回来，"市里且满"，但赤眉军不知道怎样管理夺到手的政权。同时，长安的地主阶级看到赤眉军政权不代表他们的利益，都把粮食藏了起来。赤眉军在长安1年多，粮食断绝，不得已撤离长安，向西北进军。当时车甲兵马"众号百万"，所过无敌。他们走到陇县西北的番须山谷中，正好遇上天寒大雪，战士衣薄，很多人都被冻死、饿死，只得退回长安，准备东归。这时赤眉军人人想家，军心涣散，出长安时的20万人，一路上又散去不少。公元27年初，赤眉军在崤底、宜阳一带，被刘秀用重兵包围，被迫向刘秀投降。同年夏，樊崇、逢安再次起义，不久就被镇压。

赤眉绿林起义推翻了新莽政权，给地主阶级以沉重的打击，使得西汉后期严重的社会危机得到暂时的缓和。但是，在新的封建统治者所布下的陷阱里，这一轰轰烈烈的农民大起义最终失败了。刘秀窃取了农民战争的胜利果实，经过10年时间，先后削平地主割据势力，重建了统一的东汉封建王朝。

汉献帝刘协

　　汉献帝刘协（公元181～234年），字伯和，汉灵帝之子，生母王美人，汉族，祖籍沛县（今江苏沛县，即高祖刘邦出生地），出生于洛阳（今河南洛阳）。公元189年，年仅9岁的刘协被董卓拥立为帝。公元192年，又落入李傕、郭汜手中。公元196年，曹操控制了刘协，并迁都许昌，"挟天子以令诸侯"。公元220年，曹操病死，刘协被曹丕控制，随后被迫禅让帝位给曹丕。公元234年，刘协病死，享年54岁。

危机四伏

　　中平六年（189年），34岁的汉灵帝刘宏驾崩于皇宫嘉德殿。由于他生前没有确立皇太子，因此引发了东汉末年最为激烈的皇权争夺之战。灵帝的妃嫔曾经为他生下了好几名皇子，却接连夭折。只剩下何皇后所生的刘辩及王美人所生的刘协。刘辩出生后，为避免早夭就被送出宫外，交给道人史子眇抚养，故被称为"史侯"。

　　刘协出生于光和四年（181年），他的亲生母亲王氏是前五宫中

25

郎将王苞的孙女，姿容秀丽，优雅端庄，琴棋书画样样精通，曾为灵帝专宠，怀孕后晋封为美人。何皇后嫉恨王美人受宠，听说她身怀六甲，更加恼恨，时刻图谋加以陷害。王美人担心孩子生下来也会遭到毒害，于是偷偷服药堕胎，但偏偏还是将孩子生下来了。灵帝十分欣喜，为这个皇子取名为协。何皇后派人将毒药放在王美人产后的补药中，将其毒死。灵帝派人追查，得知是何皇后所为，怒不可遏，打算废掉何皇后。但何皇后贿赂了灵帝所宠信的宦官曾节、张让等人，请他们代为求情。这才说服了灵帝没有废后。为了保障刘协的安全，灵帝将他送到永乐宫，由董太后亲自抚养，因上此刘协也被称为"董侯"。

　　灵帝在世的时候，文武百官曾多次请求灵帝册立皇太子，虽然灵帝心中倾向于刘协，但还是犹豫不决。灵帝曾亲手组建了一个以"西园八校尉"为主的亲卫部队，并任命小黄门蹇硕为上军校尉，统领这支部队。蹇硕"壮健而有武略"，他嫉恨何进掌握兵权，因而力劝灵帝立刘协为皇太子，但灵帝却一再拖延，没有正式下诏。直到灵帝重病卧床不起，自知将不久于人世，一连半个月都不召大臣处理朝政。在临终之际，灵帝单独召见蹇硕，叮嘱他拥立刘协为皇帝。蹇硕临危受命，但他也深知这件事操作起来会困难重重。俗话说"擒贼先擒王"，于是寒蹇硕打定主意，先下手将何进除掉，再立刘协为皇帝。

　　灵帝病逝之后，蹇硕指示左右，先秘不发丧，随即假传圣旨让大将军何进入宫面圣，并在宫殿四周密布伏兵。何进接旨后立刻赶往皇宫，刚到宫门口，正好与蹇硕手下的司马潘隐相遇。两人素来交好，潘隐用眼神和手势示意何进不要入宫，何进不解，就跟着潘隐退出宫门外，潘隐急忙告诉他说："蹇硕埋伏了人马，打算诛杀您，再迎立刘协为皇帝，您快想对策吧！"何进闻言大吃一惊，迅速返回自己所辖军营，并分派兵马控制住各封国驻京官邸。随后，何进匆匆赶到何皇后宫中，告知蹇硕打算谋反。何皇后与何进商议，事不宜迟，马上召集群臣，宣布灵帝驾崩，于同月立14岁的皇长子刘辩为皇帝，史称汉少帝，改元"光熹"。何皇后被尊为太后，临朝听政，何进被封为大将军，与太傅袁隗共同辅佐朝政，负责军国事务。

蹇硕见大势已去，十分懊恼，这时何进让黄门令将蹇硕引入后宫，当场将他杀死，饶恕了其他人，再将蹇硕统领的亲卫部队收归自己帐下。蹇硕死后，何进下一个对付的目标则是骠骑将军董重。董重是董太后的侄子，素来与何进不合，再加上董太后曾和董重商议，劝说灵帝立刘协为皇太子。如今何家掌握大权，董太后和董重心有不甘。为绝后患，何进指使三公及自己的弟弟车骑将军何苗联手上奏，弹劾董太后，并指出董太后为封国王后，应该住在封国，不可滞留京城皇宫。何太后立即准奏，威逼董太后立即出宫。同时，何进亲率兵马包围了董重府邸，无奈之下，董重只好自杀。董太后也不知何故，突然暴病身亡。处理完这些隐患之后，何太后才下诏为灵帝发丧，葬于文陵，并将9岁的渤海王刘协改封为陈留王。

何进接管了蹇硕统领的亲卫部队，灵帝所宠信的宦官张让、赵忠等人，惶惶不可终日，他们深知何进要诛灭宦官的决心，便拿出大笔金银财宝送到何太后的母亲舞阳君及何进的弟弟何苗府上，求他们为自己说情。果然，在母亲和兄弟的劝说下，何太后犹豫不决，不准何进轻举妄动。

何进很着急，又不能公然违抗何太后，部下袁绍看出了他的心思，建议他召各地方的军队入京，迫使何太后同意清除宦官。主簿陈琳反对说，那样做只会"授人权柄，不但无功，反而会招来祸患。将军当机立断，便可成功"。典军校尉曹操也赞同陈琳的建议，并说："如果召外兵入京，反而会令宦官有所警惕，后果堪虞。"但何进一意孤行，曹操见劝说无用，只得失望离去。何进即刻拟写了密诏，派人连夜送往各地驻军营地，召集他们带军入京诛杀宦官张让、赵忠等人。

登上皇位，董卓专权

董卓，陇西临洮人，出生于汉顺帝永建七年（132年），自幼习武，曾经游历羌地，结交了一批羌人朋友，被称作"健侠"。桓帝延熹四年（161年），朝廷在汉阳、陇西、安定、北地、上郡、西河等六郡挑选羽林军兵士，董卓在段颎的推荐下，来到京城洛阳担任羽林郎。后来在平定汉阳羌人暴动的事件中，因熟悉羌地情况，了解羌人生活习性的董卓获得重用，一路升迁，但因为党锢之灾的牵累，董卓被迫卸职还乡。直到黄巾军起义爆发，他才再次被朝廷启用，任命为中郎将，并在镇压农民军起义过程中大获全胜，被封为邰乡侯，食邑一千户。几经沉浮，此时的董卓已经羽翼丰满，坐拥数万大军。东汉末年，社会局势混乱，皇权不稳，野心勃勃的董卓意识到只要自己拥兵自重，就可能获得更大的收益。

恰在此时，坐镇河东的董卓收到了何进的密诏，正一心静观天下局势，企图进兵中原、独揽朝政的董卓喜出望外，认为"此乃天赐良机"，立即将自己的部队分为2支，一支小部队由3000精兵组成，他亲自率队马不停蹄地赶往京城洛阳，另一支大部队由他的女婿牛辅率领驻守陕西，以观其变。听到董卓带兵进京的消息，侍御史郑泰对何进说："董卓是豺狼之辈，他入京城，一定会有大祸。"

卢植也劝何进赶紧传令让董卓退回去。可何进还是不听劝告，反而再次劝说何太后下诏诛杀宦官，但何太后与何苗还是迟迟不能下决心，何苗还劝说何进与宦官讲和，不要轻举妄动。何进也有些犹豫，赶紧派人带着新诏书阻止董卓入京，在极力劝阻下，董卓驻兵在河南夕阳亭，静待事情变化。

此时，只有袁绍仍然坚持诛灭宦官，他假传何进命令，传书各地方州郡，将宦官家属统统拘捕入狱，归案定罪。这样一来，何进不得不采取进一步行动。他入宫面见何太后，请她批准诛杀中常侍以下的宦官。何太后仍然不肯，何进只得退出。而宦官张让、段珪、毕岚等中常侍听说何进入宫，心里有些怀疑，并十分害怕，特意派人偷听，才知道何进要除掉自己这些人。张让等不愿被动等死，干脆派了十几个人埋伏在嘉德殿外，等何进一出殿门，一拥而上，将他训斥了一通，随即命尚方监渠穆将何进刺死。之后张让伪造圣旨任命前太尉樊陵为司隶校尉，原少府许相为河南尹。尚书省的官员对此产生了怀疑，于是提出要见何进。张让干脆叫人将何进的头颅扔到众人面前，宣布说："何进谋反，已伏诛矣。"

何进的部下吴医等人听说何进被杀，率兵将皇宫包围，袁绍听说后，派从弟虎贲中郎将袁术率兵也去攻打宫殿，并放火烧了南宫九龙门及东西宫。随后，袁绍带军冲入宫中，并下令只要是宦官一律斩杀，因为来不及辨明身份，只要见到没长胡须的男子就杀死，以致误杀了不少没有胡须但并非宦官的男子，转眼之间，竟然屠杀了3000多条生命。张让、段珪等人吓得魂飞魄散，慌忙来找何太后，没敢说何进已经被杀死，只是告诉何太后说大将军的下属发动了叛乱，谋反焚宫。何太后一听，也不知如何是好，和少帝及陈留王一起，任凭张让、段珪等人挟持，从皇宫的北门逃出，一直跑到了小平津渡（今河南省孟津东北黄河边）。尚书卢植、河南中掾闵贡得知后紧追不放，卢植一马当先，先砍倒了几个宦官，厉声对张让、段珪等人呵斥道："今不速死，吾当杀汝。"张让、段珪自知难逃一死，转身跪拜少帝，之后投身于黄河之中，自杀身亡。

袁绍早已派人催促驻守在夕阳亭的董卓速速赶到京城洛阳，远望京城，董卓隐约看到了宫中的火焰，随即明白大事已经发生。正在他带队行军之时，竟然在北郎山遇到了少帝一行人。董卓赶紧上前拜见少帝，少帝惊魂未定，又看到一个骠勇健硕的将军，心情更加紧张，一时间竟结结巴巴说不出话来。可陈留王刘协却镇定自若，厉声呵斥董卓："你既是前来勤王救驾，见了陛下为何不下跪？"陈留王刘协的下马威打掉了董卓的威风，也打出了董卓的好感。董卓进京所做的第一件事，就是将懦弱的汉少帝踢下台，把皇袍披到了陈留王刘协身上，理由是：有威仪，聪敏好学。

董卓带军队护送汉少帝一行人回到京城，他运用强有力的手腕，很快就平息了京城内的骚动，全盘掌控了局势。随即，董卓指使人弹劾司空刘弘，自己取而代之。又过了几日，中平六年（189年）九月，董卓废黜了生性懦弱的少帝刘辩，贬封为弘农王，改立刘辩之弟刘协为帝，改元"永汉"，史称汉献帝。同时，他将何太后迁到永安宫居住，不久后，又派人将其毒死。

登基典礼热热闹闹，然而，还未等刘协从兴奋中冷静下来感谢董卓，一切就改观了。董卓自封为部侯，不久升为相国，将朝中大权紧紧握于手中，他还赶跑了反对他废立皇帝的袁绍，朝堂之上，董卓不可一世，唯我独尊。

经过这一场宫廷大变革，猖狂了很久的张让、赵忠为首的宦官集团终告全体覆灭，东汉王朝终于摆脱了持续了近百年的宦官专权的混乱现状，年幼的刘协就是在这样的大背景下被推上了东汉末代皇帝的宝座，实际上执掌政权的是以董卓为代表的地方豪强势力。从此，天下四分五裂，此时东汉王朝气数已尽，而汉献帝刘协不过是个仅有名号的天子，无权、无势、无力，不要说重整祖业，就连起码的尊严也不能保障。

董卓掌权后，横征暴敛，大开杀戒，引起了天下人的不满，各路豪杰纷纷讨伐董卓。而年幼的汉献帝也不甘受董卓的摆布，但他所能依赖的只有以王允为首的文官集团。因此，东郡太守桥房假传三公密令，命令各地州郡征集各地强兵，铲除奸臣董卓，解救陷于危难之中的国家。当时被赶到渤海担任太守的袁绍首先起兵呼应，很快就集结起 14 路人马。因为起兵的地方多在关东一带，因此史书上称为"关东军"，而袁绍成为众望所归的关东军盟主，率领大军浩浩荡荡地向京城洛阳围去。

眼见大军压近，董卓自知不是对手，决定离开洛阳，迁都长安。文武大臣都不同意，但迫于董卓的淫威，只能跟随同行。初平元年（190 年）正月，董卓将已被废为弘农王的少帝刘辩毒死。二月，董卓逼汉献帝答应从洛阳迁都长安，数百万百姓也随之背井离乡，颠沛流离，一路上冻死、饿死的百姓不计其数。在离开洛阳之前，董卓还下令对洛阳进行了一次空前的大洗劫：将富家财产没收归为己有，并放火焚烧皇宫、殿宇、官府、房屋，使洛阳两百里内房屋荡尽、鸡犬不留。最令人发指的是，贪得无厌的董卓竟然指使部将吕布摧毁汉室帝王陵墓和王公贵族的坟墓，盗取墓冢中陪葬的金银珠宝。

初平三年（192 年），在司徒王允的巧妙设计下，利用美女貂蝉挑拨离间董卓和其义子吕布的关系，使得二人反目成仇。四月，吕布将义父董卓杀死。天下臣民无不拍手称庆。汉献帝下诏命王允"为录尚书事"，任命吕布为奋威将军，封温侯。由他们两位共同主持朝政。但王允又不执行分化瓦解政策，一味株连。李傕等人原是董卓的部将，请求赦免，但遭到王允的拒绝。在走投无路的情况下，李傕拥兵10万攻下长安，朝中大臣被杀无数。

汉献帝被迫封李傕为扬武将军，郭汜为扬烈将军。然后，李、郭等处死了王允，也就等于砍断了献帝的支柱。公元192年9月，李、郭再次封侯，朝政皆出其门。后来两人相互猜疑，引兵相攻。李傕扣留献帝，郭汜抵押群臣，演出了一幕幕丑剧。

据史书记载，汉献帝在长安时，做过一件很值得称道的事。当时的长安，经连年动乱、饥荒，一斛谷卖到50万钱，长安城中出现了人吃人的惨剧。献帝下令侍御史侯汶开仓济民，将米豆为饥民做糜粥，但饿死的人并没有减少。献帝怀疑所发米豆不实，亲自在御前量试做糜，证实发放中确有克扣现象，于是下诏杖责侯汶，并责问京官们为何米豆发下去仍有这么多的人死亡。从此以后，米豆得以如实发放，百姓们才确实受到国家的救助，使饥民们切实受到赈济，减少了死亡数量。那一年，献帝不过年满14岁，但已经显露出他对国计民生的关心，也显示出他颇具治理天下的才能。

引狼入室

兴平二年（195年）冬，乘李、郭二人忽战忽和之机，一些大臣护拥汉献帝辗转逃至洛阳。洛阳宫室在战火中早已成为一片废墟，百官没有住所，只得倚墙壁而居，常常数日吃不到饭，有的官员甚至饿死。次年正月，改元建安。

为了打击董卓余党，摆脱他们的威胁，汉献帝饮鸩止渴，采取了以虎击狼的权宜之计，招来了兵强马壮的曹操。公元196年6月，曹操迎献帝北上，迁都许（许昌）。威胁如愿解除，但曹操却在朝廷中站住了脚。曹操需要的是"天子"这个招牌，以"挟天子以令诸侯"，而并不需要有头脑、有能力的刘协，因此刘协的境遇每况愈下。从此，汉献帝成为曹操"奉天子以令不臣"的一张王牌。但一开始汉献帝不甘心受制于人，做傀儡皇帝，于是采取了一些反抗措施。

建安四年（199年），车骑将军董承受献帝密诏，与刘备一起密谋诛杀曹操。次年春，密谋败露，董承等均被处斩，灭三族。刘备先前借故出走，才幸免于难。这是献帝跟曹操一次近乎公开的抗争，事后曹操进一步加强了对献帝的控制，京官大多调为曹操的官员，左右侍卫全是曹操的人。曹操深知汉献帝的价值，始终不敢加害汉献帝，但献帝的日子过得越来越难堪了。

曹操诛董承后，提出将董承之女董贵人一起杀掉。献帝以贵人有孕在身为由，多次请求免其一死，曹操不答应。伏皇后对此既恐惧又不满，偷偷写信向父亲伏完诉说曹操残逼献帝杀董贵人之事，后来被发觉，伏皇后也被幽死。当伏皇后被曹操派去的尚书令华歆从宫中搜出押走时，曾哭着求献帝救救她，献帝说："我亦不知命在何时！"

尽管献帝知道自己的生命操在曹操手里，但仍然敢于对曹操表示不满。议郎赵彦常为献帝陈说时事，遭到曹操的讨厌而被杀。其后曹操入殿见献帝，献帝说："你若要辅助我，就要宽厚一些；否则，你就开恩把我抛开罢。"一席话说得曹操顿时失色，急忙应付着请求告辞。曹操出殿后左顾右盼，仍然心神不安，从此不再朝见献帝。

被逼退位

曹操挟持汉献帝，征战一生，并实行"唯才是举"和"屯田"的经济政策，辛辛苦苦地打下了半壁江山，和刘备、孙权形成三足鼎立之势。虽然他心中想过无数次要取献帝而代之，却始终缺乏一点勇气，"使天命在吾，吾其为周文王"。曹操在不甘心和犹豫之间又做了多年汉臣，直到建安二十五年（220年）正月病死，儿子曹丕袭爵为魏王。

听到曹操的死讯，献帝满心欢喜，他以为多年的忍耐终于到了尽头，自己可以堂堂正正地坐在殿堂之上，亲自执掌政权。于是，献帝即刻下令，将建安二十五年（220年）改为延康元年。

可是，献帝的希望再一次化成了泡影。曹丕和父亲曹操不同，他早就想尝尝当皇帝的滋味，如今终于轮到自己当家做主，当然不会轻易放过这千载难逢的机会，尽快实现这个心愿。曹丕派人假造各种祥瑞，并大传谣言说汉代的气数已尽，将由魏曹来代替。魏相国华歆、太尉贾诩、御史大夫王朗、禁卫军左中郎将李伏等大臣，未经通传，就带领全副武装的士兵闯入献帝的寝宫，胁迫他自动让位。并言之"汉室国运已终，气数当尽，望陛下效法尧、舜，以江山社稷，禅让魏王"。献帝闻言大惊，不由自主地流下了眼泪，他想不到自己委曲求全了多年，等来的却是这样的结果。他慌忙逃往后宫，曹皇后听到嘈杂声，出来查看，献帝哭述说："皇后，你的哥哥想要自立为帝，将我谋害呢！"曹皇后大怒。她将献帝护在身后，直眉冷对追赶而来的华歆等人，大声呵斥道："你们竟然为了荣华富贵，想要谋害皇帝。我父亲功高盖世，也未敢自立为帝，仍然甘为汉臣，兄长为何作此乱逆之事？他继位不久，就想篡汉，上天必不保尔等长久！"毕竟曹皇后是曹丕的亲妹妹，华歆等人一时也不敢有所举动，只得灰溜溜地带着士兵们退出宫去。

几天后，曹丕即将抵达许都，华歆等人上奏请献帝上朝。献帝被逼无奈只好上朝面见群臣。华歆马上将已经拟好的退位诏书递给献帝，逼他亲自昭告天下。献帝不敢不答应，只得派御史大夫张音将诏书送给正在曲蠡的曹丕，曹丕心中大喜，但故意推辞不接受。华歆等人连忙上书曹丕，劝说他答应天下臣民的请求，登基称帝。同时，加紧胁迫献帝将皇帝玉玺交出来。献帝哭着说："玉玺一向由皇后保管，不在我身边。"华歆带人向曹皇后索要玉玺，曹皇后拒不肯交。曹丕听说后，派曹洪、曹休领兵逼迫曹皇后，曹皇后见兄长对自己毫无怜惜之情，绝望之极，甩手将皇帝玉玺扔到宫殿外。华歆等人又逼着献帝下达了第二道诏书，连同玉玺一起送给了曹丕，曹丕仍然摆出一副不答应的架势，并将玉玺和诏书退回。献帝只得再次下诏，曹丕觉得时机差不多成熟了，才"勉为其难"地答应了。曹丕在接受汉献帝"禅让"后，曾说"舜禹受禅，我今万知"。汉献帝与曹丕这出"三让三辞"的把戏，根本瞒不过世人的慧眼。

公元220年10月，曹丕在繁阳亭登上受禅坛，接受玉玺，改建康元年为黄初元年，国号为魏，史称魏文帝。随即，追尊父亲曹操为魏武帝。将废献帝封为山阳公，曹皇后为山阳公夫人，逼令他们立即搬出皇宫。但允许其在封地山阳城（今焦作市东南部）内奉汉正朔和服色，建汉宗庙以奉汉祀。魏文帝曹丕还安抚汉献帝刘协说："天下的奇珍异宝，我将会和山阳共享。"

东汉王朝历经196年，到汉献帝刘协一朝终于宣告灭亡。而14年后，即魏青龙二年（234年）三月，亡国之君刘协病死在封地，终年54岁，曹丕下令以汉天子礼仪葬于禅陵（今河南修武县北），谥号孝献皇帝。

据《谥法》所说："聪明睿智曰献。"说明汉献帝在天下人眼中，确实不是一位糊涂无能的皇帝，可惜"献生不辰，身播国屯"。献帝在东汉末年黑暗、混乱的社会中连年流离迁徙，不能自主掌权，而被迫受不同的强势力量操纵。他的聪明才智难以施展，更难有能力挽救被外戚和宦官搅腾得乌烟瘴气、遍体鳞伤的东汉王朝，所以，只能眼睁睁地看着东汉一步步走向必然的灭亡结局。

■ 相关链接

治世之能臣，乱世之奸雄

曹操，字孟德，小名阿瞒、吉利，沛国谯县（今安徽省亳州市）人，我国东汉末年著名的军事家、政治家及诗人。

曹操出身于一个显赫的宦官家庭，祖父曹腾，是东汉末年宦官集团十常侍中的一员。父亲曹嵩，是曹腾的养子，曾先后任司隶校尉、大司农、太尉等官。

曹操是曹嵩的长子，他"少机警，有权数"，自幼博览群书，善诗词，通古学，也有过人的武艺。曹操"任侠放荡，不治行业"，未被时人所重，但素以知人名世的太尉桥玄一见曹操就大为惊奇，说："天下将乱，非命世之才不能济也，能安之者，其在君乎！"随之，桥玄又让曹操去拜访汉末主持"月旦评"的名士许邵，许邵评价曹操说："子治世之能臣，乱世之奸雄"。由此，曹操渐渐被世人所知。

灵帝熹平三年（174 年），20 岁的曹操被举为孝廉，入洛阳为郎。不久，被任命为洛阳北部尉。洛阳为东汉都城，是皇亲贵势聚居之地，很难治理。曹操一到职，就申明禁令、严肃法纪，造10余根五色大棒悬挂在衙门左右，"有犯禁者，皆棒杀之"。皇帝宠幸的宦官蹇硕的叔父违禁夜行，曹操毫不留情，立即处死。

灵帝中平元年（184年），黄巾起义爆发，曹操被拜为骑都尉，受命与卢植等人合军进攻颍川黄巾军，结果大破黄巾军，斩杀数万人。随之又被升为济南相。在任期间，曹操治事如初。济南国（今山东济南一带）有10余个县，各县长吏多依附贵势，贪赃枉法，无所顾忌。曹操之前的几任国相都置之不问。曹操到职，大力整饬，一下奏免长吏8名，震动了济南，贪官污吏纷纷逃窜。当时正是东汉政治极度黑暗之时，曹操不肯迎合权贵，得罪了许多人。于是托病回归乡里，春夏读书，秋冬打猎，暂时过起了隐居生活。

中平五年（188年），汉灵帝为了巩固统治，设置西园八校尉，曹操因其家世被任命为八校尉中的典军校尉。中平六年（189年），董卓进入洛阳，废少帝刘辩，立献帝刘协，后又杀太后及少帝，自称相国，专擅朝政。曹操见董卓倒行逆施，不愿与其合作，于是改易姓名逃出京师洛阳（今河南洛阳东北）。到陈留后，组织起一支5000人的军队，准备讨伐董卓。

献帝初平元年（190年）正月，关东州郡牧守起兵讨伐董卓，共同推选袁绍为盟主。曹操以行奋武将军的身份，加入讨伐董卓的大军。二月，董卓胁迫献帝迁都长安（今陕西西安西北），自己留居洛阳抵御关东军。董卓率领的凉州军骁勇善战，关东军10余万人驻扎在酸枣（今河南延津北）一带，无人敢向洛阳推进。曹操认为董卓"焚烧宫室，劫迁天子，海内震动"，应趁机与之决战，于是独自引军西进。行至荥阳汴水（今河南荥阳西南），与董卓军遭遇，曹操大败，士卒死伤大半，自己也被流矢所伤。回至酸枣，曹操建议诸军各据要地，再分兵西入武关（今陕西丹凤东南），围困董卓，关东诸将因各怀鬼胎，所以都不愿意出兵。

初平三年，青州黄巾军大获发展，连破兖州郡县，斩杀兖州刺史刘岱。济北相鲍信等迎曹操担任兖州牧。曹操和鲍信合军进攻黄巾军，鲍信战死，曹操"设奇伏，昼夜会战"，终于将黄巾军击败。获得30余万降兵、100余万人口。曹操收其精锐，组成军队，号"青州兵"。

献帝初平四年（193年）秋，曹操进兵徐州（今山东郯城），向东南扩展势力。徐州牧陶谦退守郯县。不久曹操军粮将尽，撤围回军。次年夏，曹操再征徐州，略地至东海。曹操征徐州期间，大肆杀戮，曾参加讨董卓之战的陈留太守和曹操部将陈宫对曹操不满，于是，迎吕布为兖州牧。

当时只有鄄城（今属山东）和东郡的范（今山东范县东南）、东阿（今山东阳谷东北）两县尚在曹操掌握之中，分别由司马荀彧和寿张令程昱、东郡太守夏侯惇等坚守，形势异常危急。曹操从徐州赶回，听说吕布屯兵在濮阳，于是率大军围攻濮阳。双方相持百余日，蝗灾大起，双方停战，曹操军回到鄄城。兴平二年（195年）夏，曹操整军再战吕布，于巨野（今山东巨野南）大破吕布军，吕布逃往徐州投靠刘备。至此，曹操拥有了一支颇具战斗力的军队，为他日后的成功打下了坚实的基础。

建安元年（196年）八月，曹操到洛阳朝见汉献帝。随即

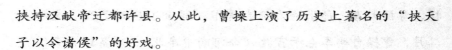

挟持汉献帝迁都许县。从此，曹操上演了历史上著名的"挟天子以令诸侯"的好戏。

汉魏之间，社会生产遭到严重的破坏，出现了大饥荒。建安元年，曹操采纳部下的建议，利用攻破黄巾军所缴获的物资，在许县募民屯田，当年即大见成效，得百万斛谷。于是曹操命令在各州郡设置田官，兴办屯田，从而有效地解决了曹操集团的粮食问题。

在兴置屯田的同时，曹操采取各种措施，扶植自耕农经济。针对当时人口流失，田地荒芜的情况，曹操先后采取招怀流民、迁徙人口、劝课农桑、兴修水利、检括户籍等办法，充实编户，恢复农业生产。此外，曹操还陆续颁布法令，恢复正常租调制度，防止豪强兼并小农。建安五年（200年），曹操颁布新的征收制度，到建安九年，又明确规定："其收田租亩四升，户出绢二匹，绵二斤而已，他不得擅兴发。"这一系列措施，使濒于崩溃的自耕农经济得到了恢复和发展，为曹操奠定了雄厚的经济基础。

在经济、军事都得到巩固的基础上，从建安二年起，曹操利用他"挟天子以令诸侯"的政治优势，东征西讨，开始了他剪灭群雄，统一北方的战争。其中历史上著名的以少胜多的"官渡之战"是曹操统一北方的重要战役。

当时，群雄中实力最强的是袁绍。为争取战略上的主动，曹操作出以下部署：命在青州有潜在影响的臧霸等人攻入青州，占领齐（今山东临淄）、北海（今山东昌乐）等地，牵制袁绍，巩固右翼；又命大将于禁屯军黄河南岸的重要渡口延津（今河南延津北），监视袁军。不久，张绣听从谋士贾诩之计，投降曹操，曹操大喜，拜张绣为扬武将军，解除了后顾之忧。这年十二月，曹操自率军屯于官渡（今河南中牟北），准备迎击袁绍。

刘备在徐州牧陶谦死后，曾一度出任徐州牧，后徐州被吕布攻占，刘备投奔曹操。曹操认为刘备是个英雄，先后表他为豫州牧、左将军。曹操攻占徐州不久，淮南袁术准备逃往青州投靠袁绍，曹操派刘备前去截击。建安五年正月，董承等人密谋杀害曹操的事泄露，被曹操杀掉。于是，刘备袭杀徐州刺史车胄，占据徐州。

为了不腹背受敌，曹操决定先消灭在徐州立足未稳的刘备。这时，众将都怕袁绍乘机来攻许都，曹操胸有成竹地说："刘备，人杰也，今不击，必有后患。袁绍虽有大志，而见事迟，必不动也。"于是，以迅雷不及掩耳之势击破刘备，刘备逃奔袁绍。

袁绍是当时北方最强大的一股势力，也是曹操统一北方最强大的敌人。袁氏一门，自袁绍曾祖袁安以来，势力本就很大，后袁绍取得冀、并、幽、青四州，实力大增，有军队数十万人。袁绍以其长子谭、次子熙、外甥高干分守青、幽、并三州，后方稳固，兵精粮足，根本不把曹操放在眼里。他挑选精兵十万、战马万匹，志在一举消灭曹操。建安五年二月，袁绍命大将颜良等人进兵白马（今河南滑县北），自己率大军进屯黎阳（今河南浚县东），向曹操发动进攻。

曹操的实力比袁绍弱得多。曹操所占的黄河以南地区，地盘既小，又是四战之地，残破不堪，还没有完全恢复，物资比不上也不如袁绍丰富。袁绍大军来攻，许都震动。曹操安慰众将说："吾知绍之为人，志大而智小，色厉而胆薄，忌克而少威，兵多而分画不明，将骄而众令不一，土地虽广，粮食虽丰，适足以为我奉也。"曹操对袁绍有很深的认识，他敢于在袁绍将要大军压境之时抽身去进攻刘备，正是基于这种认识之上。

建安五年二月，袁军颜良等人围攻白马，拉开了大战的序幕。四月，曹操亲自率兵北上解白马之围，他采纳谋士荀攸之计，先进军延津（今河南延津北，在白马以西），做出要渡河袭击袁军的态势，吸引袁军分兵西向，然后突然转向兼程去救白马。曹操军突然杀到，袁军措手不及，大将颜良被曹军杀死，袁军大败，解了白马之围。曹操救出白马军民，沿黄河西撤。袁绍闻知，立即渡河追赶曹操。曹操见追兵渐近，命军士解鞍放马，并置辎重于道。袁军追兵大至，争抢辎重，阵形混乱。曹操率领仅有的骑兵突然杀出，大破追兵，斩杀了袁绍的另一大将文丑。曹操初战得胜，主动撤军，继续扼守官渡。八月，袁绍大军连营而进，东西数十里，依沙堆为屯，进逼官渡。曹操分兵坚守营垒，伺机而动。袁军向曹营发动猛攻，先是作高橹、起土山，由上向曹营射箭，接着又挖地道，想从地下袭击曹营，都被曹操以相应办法击破。两军一攻一守，相持近2个月。久战之下，曹操处境极为困难。十月，袁绍从河北运来粮草万余车，屯于离袁绍大营40里的乌巢，派大将淳于琼等带万余人看守。恰好这时袁绍谋士许攸来投曹操，献计让曹操偷袭乌巢。曹操大喜，亲率精锐步骑5000人，乘夜从小路偷袭乌巢。曹操军至乌巢，命四面放火，袁军大乱，淳于琼拒营死守。当袁绍听说曹操袭击乌巢时，认为这正是攻破曹操大营的好机会，因此派去的援兵很少，而以重兵围攻曹操大营。但曹营未破，乌巢败讯已经传来，袁军溃散，大将张郃等人投降曹操，袁绍弃军逃回黄河以北。于是曹军大获全胜，斩杀7万余人，尽获袁军辎重、图书、珍宝。

官渡一战，曹操击溃了最大敌人袁绍，由他统一北方已是大势所趋。在攻破三郡乌桓后，曹操终于彻底肃清了袁氏势力。建安十三年六月，曹操恢复丞相制度，并自任丞相。

曹操基本平定北方后，兵锋转而向南。一路进攻，十分顺利，同时，他的进军也威胁了孙权的统治，孙权命大将周瑜率军3万，与刘备联军抵抗曹操。

曹操自江陵东下，至赤壁（今湖北武昌）与孙、刘联军接战不利，暂驻军于乌林（今湖北洪湖），隔江对峙。周瑜用诈降之计，命大将黄盖率小战船十艘，上装柴草，灌以膏油，假称投降，向北岸而进，至离曹营两里处时，各船一齐点火，然后借助风势，直向曹军冲去，曹军大败，舟船被烧。曹操率军从华容道（今湖北监利西北）陆路撤回江陵。于是撤军北还。

赤壁大败后，曹操采取一些措施，稳定内部。建安十五年春，曹操下《求贤令》，提出不拘品行、唯才是举的用人方针，目的是尽量把人才收罗到自己身边。

建安十六年，曹操基本平定关中地区。建安十八年，曹操起兵号称40万，亲自南征孙权。次年正月，曹军进至濡须口（今安徽巢县东南），攻破孙权设在江北的营寨，活捉将领公孙阳。孙权亲自率7万大军，前至濡须口抵御曹军。两军相持月余，各无所获。曹操见孙权军容严整，自己难以取胜，于是撤军北还。五月，献帝封曹操为魏公，加九锡，割冀州的河东、魏郡等十郡为魏国封地。曹操封魏公后，仍然任丞相和冀州牧，权势愈来愈大。七月，曹操建魏国社稷宗庙，又在魏国内设置尚书、侍中。

建安二十年三月，曹操见刘备已取得益州，而汉中是益州门户，刘备必然要攻取汉中。于是曹操抢先一步，率 10 万大军亲征汉中张鲁。七月，曹操大军进至阳平关（今陕西沔县西北）。张鲁听说阳平关失守、逃往巴中。曹操进军南郑，尽得张鲁府库珍宝。十一月，张鲁出降曹操，于是汉中为曹操所有。等到曹操主力退出汉中后，刘备随后向汉中发动进攻。建安二十三年，刘备亲率大军进至阳平关，夏侯渊等人与刘备夹关对峙。七月，曹操亲率大军赶往关中，坐镇长安，以便随时指挥汉中战局。建安二十四年正月，刘备自阳平关南渡沔水（今汉水），依山而进，驻军于定军山（今陕西沔县东南），夏侯渊出兵与刘备争夺地势，被刘备杀掉，曹军大败。于是曹操放弃汉中，军队全部撤回长安。

建安二十四年七月，曹操刚刚从汉中撤出，刘备大将关羽就从荆州向其东南防线襄、樊一带发动进攻。曹操闻知，立刻派大将于禁率兵往救樊城。八月，关羽乘洪水泛滥之机，大破于禁所统七军，乘势进军，将樊城围住。当时樊城曹军只有数千人，城被水淹，水面离城楼仅有数尺，曹仁率军死守。曹操又派徐晃领兵去救樊城。十月，曹操从关中赶到洛阳，亲自指挥救援樊城。

孙权因关羽处其上游，很不愿意让关羽势力发展，而且他早已有攻取荆州之心，于是联结曹操，准备派大将吕蒙偷袭荆州要地江陵。曹操接信后，将这一消息通知曹仁，命他继续坚守，自己进至摩陂（今河南郏县东南），临近指挥，又派兵十二营增援徐晃，命他反击关羽。不久，吕蒙偷袭江陵得手，关羽撤兵，路上被孙权军擒杀。

曹操在孙权擒杀关羽、取得荆州后，表孙权为骠骑将军、荆州牧。孙权遣使入贡，向曹操称臣，并劝曹操代汉称帝。手下群臣也乘机向曹操劝进，曹操自己还不想废献帝自立，他说："若天命在吾，吾为周文王矣。"

建安二十五年正月（220 年），曹操还军洛阳。当月，病死在洛阳，终年66 岁。这年十月，曹丕代汉称帝，国号魏，追尊曹操为太祖武皇帝。

曹操不但是我国历史上杰出的政治家、军事家，还是一位杰出的文学家。他是建安时期杰出的文学家，开创了建安文学的新风气，其风格清俊通脱。由于对当时的文坛很有影响，因此与其子曹丕、曹植被后人合称为"三曹"。著有《孙子略解》、《兵书接要》等军事著作和《蒿里行》、《观沧海》、《薤露》、《短歌行》、《苦寒行》、《碣石篇》、《龟虽寿》等不朽诗篇。

蜀汉后主刘禅

　　蜀汉后主刘禅（公元 207 ~ 271 年），字公嗣，小名阿斗，是我国历史上魏、蜀、吴三国鼎立时蜀汉皇帝刘备的长子。公元 223 年，刘备病故，刘禅遵照遗嘱继位，改年号为"建兴"史称"刘后主"。刘禅在位期间，先有丞相诸葛亮尽心辅佐，后有蒋琬、费祎、姜维等为其筹措，宦官黄皓专权后，蜀国逐渐衰败。后魏国大举伐蜀，刘禅投降，举家迁往洛阳，被封为安乐公，几年后去世。

遵照父命即位

　　公元 206 年，甘夫人为刘备生一子，即刘禅，乳名阿斗。由于战乱，甘夫人和小儿刘禅不得不随军队辗转，过着紧张而又艰险的生活。公元 208 年，刘备遭到曹操精锐骑兵的追杀，两岁的刘禅由甘夫人怀抱着逃亡，与刘备失散，在猛将赵云单骑救主后，母子才平安脱险。

　　公元 219 年，刘备取得了沃野千里的"天府之国"蜀地后，被诸葛亮、法正等尊为汉中王。13 岁的刘禅，被册封为王太子，费祎和董允为太子舍人，后都晋升为黄门侍郎。

　　公元 220 年，洛阳传来曹丕代汉称帝的消息。在这种情况下，刘备只得依照诸葛亮等人的劝谏，于公元 221 年 4 月在成都称帝，建立了蜀汉，建号章武，与孙权、曹操三分天下，并下诏书立15岁的刘禅为皇太子。

公元223年，刘备因伐东吴失败而病倒在白帝城（今四川奉节东），差人去成都传诸葛亮等火速前来听取他对后事的安排。与诸葛亮同行的还有刘备的另两个儿子梁王刘永和鲁王刘理，刘备没让皇太子刘禅亲自来听取遗命，而要他担当起镇守成都的重任。诸葛亮一行到成都后，见到病榻上的先主，十分悲伤。刘备嘱托诸葛亮教育刘禅，能辅成为君即立君，不成即可取而代之。刘备又要两个儿子转告刘禅，他死后他们兄弟都要像对待父亲一样对待诸葛亮，和丞相共同治理好蜀汉，完成兴复汉室的大业。四月，刘备到了弥留之际，他让诸葛亮根据自己的愿望，拟定一份给刘禅的诏书，要刘禅"不以恶小而为之，不以善小而不为"，要自强不息、力争上游。

刘备死后，诸葛亮一面加强同吴、魏边境上关口要隘的军事力量，以防敌国乘虚进犯，一面派人火速到成都，把皇上驾崩的消息报告给皇太子刘禅。同时，自诸葛丞相受命前往白帝城后，刘禅日夜惦念着父皇的病情、安危。后接父皇去世的消息，17岁的刘禅忧伤万分。

这年的五月，刘备的灵柩到了成都，披麻戴孝的刘禅率官员出城十里相迎。诸葛亮当众宣读先帝遗诏，刘禅正式登基称帝，史称刘后主。他继位后就宣布改元建兴，大赦天下。又下诏尊称皇后吴氏为皇太后，夫人张氏为皇后，并根据诸葛亮的建议，追赠其生身母亲甘夫人为昭烈皇后，与父皇合葬。

相父辅佐治国

刘禅继位不久，蜀汉领地的西南边庭告急，听到这个消息，刘禅连忙请诸葛亮处置此事，只希望立即出兵平叛，稳住西南局势，保住蜀汉江山。诸葛亮自然理解年轻皇帝的焦虑心情，但他劝谏说："我们伐吴新败，国力还没有完全调整过来，一时还不可能取胜。今可再与东吴重修旧好，同时加紧整肃内部，扩充军力。到合适的时候再行出军征讨西南，定能一劳永逸地解决那里的问题。"刘禅自然十分同意诸葛亮的计策，诸葛亮向刘禅荐举尚书郎邓芝到东吴言和修好。

后来，刘禅接到诸葛亮的奏章，说现在蜀吴联盟已经恢复，蜀汉内部已稳定，是出师西南的时候了。刘禅就同意诸葛亮调拨军马，择日启程。两个月后，刘禅接到诸葛亮从平叛前线发来的战报，上面写道："开初我以为叛乱头领高定失掉了他盘踞的老巢，妻子、孩子也被俘虏，已走投无路，无计可施，一定会俯首投降乞求活命。不料边远的蛮族竟心怀叵测，敢再次杀人结盟，纠合爪牙两千多人，打算与我决一死战。"刘禅没料到相父这次出征会遇到如此大的困难，读完后默然无语地坐在那里。诸葛亮临行前特意留在刘禅身边的步兵校尉向朗见状，上前奏道："陛下不必为丞相担忧。丞相身经百战，自有妙计击破蛮敌。再过些时候就会有捷报传来的。"不出向朗所料，半年之后，诸葛亮运用软硬兼施、攻心为上的策略，完全平定叛乱。从此以后，刘禅对相父料事如神、百战百胜的军事才能更是敬佩。

公元226年，魏文帝曹丕病亡，其子曹睿继位，政局变动，正是需要稳定内部的时期。诸葛亮就上表给刘禅，提出北伐中原，完成一统天下的计划。在《出师表》中，诸葛亮分析了当时的形势，尤其对自己离开成都后宫中、府中的事务做了周密的安排。他向刘禅推荐了郭攸之、费祎、董允、陈震、蒋琬、向宠等德才兼备的文武大臣，要刘禅"亲贤臣、远小人"，广开视听，采纳忠益之言，奋发自勉，不要满足于暂时比较安定的局面。

公元228年，诸葛亮奉旨率领赵云、邓芝、马谡等20万将士向魏国陇右地区发动攻势，魏国猝不及防，形势对蜀军非常有利。可是驻守街亭的马谡骄傲轻敌，指挥、调度失误，街亭这个进攻的有利据点很快落入前来增援的魏军手中，诸葛亮不得不后撤到汉中。刘禅在成都听到相父伐魏不利，兵回汉中后正在整肃军纪，检讨得失，并已按军法处死马谡，觉得做得很对。但他对受蜀国朝野敬仰的相父要求自贬三级，以示惩罚自己用人不当的罪责却疑惑不解，不知该怎样定夺。侍奉他的蒋琬、费祎告诉刘禅说，丞相之意在于严明法纪，正人先正己，用心实为良苦。刘禅这才下诏将诸葛亮贬为右将军，仍代行丞相职责。同时，刘禅会见了诸葛亮举荐的魏国降将姜维，下诏任命他为仓曹掾，授予奉义将军称号，并封他为当阳亭侯。

诸葛亮伐魏失败以后，刘禅经常听到"眼下魏国比蜀国强盛，蜀国兴师动众讨伐魏国有如以卵击石，得不偿失，倘使蜀能自守边境，不去攻打魏国，这样双方相安无事，蜀国也就可以享有永久的太平"之类的议论。因此，对诸葛亮的伐魏计划产生了动摇，他想，蜀汉既能偏安自保，享受太平，从此不用为劳民伤财的战争忧心忡忡，这何乐而不为呢？诸葛亮对朝野中一些人的偏安思想早有觉察，对刘禅遇事无主见、易为人言所左右深感焦虑，但也更坚定了他要在有生之年北伐曹魏，完成一统天下大业的决心。

诸葛亮继续给刘禅上奏，详细说明了汉贼不能两立的理由，告诫说，企图用益州这样的小地方去与占据广大中原的敌国长期相持是不切实际的梦想，只有主动出击，才能死中求活，有所成就。诸葛亮最后对刘禅建议，现在东吴孙权大败魏将曹休于石亭（今安徽潜山东北），魏国派出大量部队东下救援，关中虚空，正是蜀起兵伐魏的好时机。刘禅曾为反对北伐的意见打动，但看过丞相的表章以后，又觉相父分析得精到有理，便准奏，让诸葛亮再次起兵进攻魏国。诸葛亮出奇兵很快占领了魏属的武都（今甘肃成县北）和阴平（今甘肃县西北）两郡。捷报传到宫中，刘禅非常高兴，于是下诏恢复了诸葛亮丞相官职。

另一方面，东吴孙权见魏蜀两国连年战争，无力他顾，便在建业（今江苏南京市）正式称帝，国号仍为吴。孙权派使臣到蜀汉拜见刘禅，要求从此以后，蜀吴双方以平等的皇帝的名义相互交往。

刘禅对孙权称帝感到气愤，朝廷中许多大臣也都对孙权称帝深为恼怒，认为此举是同曹丕一样的"僭越"行为，只有立即与东吴断绝盟好，才能保护蜀汉自尊的正统地位，当刘禅召集群臣商议如何对策时，与东吴断交的呼声几乎就成了最后的定论。唯独诸葛亮与众不同，力排众议，他对刘禅说道："孙权早有称帝的野心，我们没有过于计较这件事，是想求得他的支援，以牵制曹魏。现在，如果我们公开同他断绝盟好，必然会引起他们对我们的仇视。等到我们双方兵戎相见，长期相持，势必使曹贼得利。因此，陛下应放远目光，不因小而失大，继续联吴抗曹才是上策。我建议陛下立刻派使臣回访东吴，以表示蜀汉对孙权的祝贺。"刘禅听了诸葛亮一番话，也只好说："就按丞相说的办吧。"

公元231年，刘禅批准了诸葛亮的又一次伐魏计划。诸葛亮领兵离开后，刘禅深居宫中，内外要事一应听凭蒋琬、费祎、董允斟酌处置，自己倒也觉得清闲、自在。这天忽听说正在前线作战的诸葛亮接到诏书正兵回汉中，却不明白其中缘由。几天以后，才知道，原来都护李严受命为诸葛亮的出征部队督办粮草，但督办不利，耽误了运往前线的时机，他害怕诸葛亮因此惩办自己渎职之罪，就一面假传后主圣旨要诸葛亮退兵，一面又谎奏后主说退兵是诱敌之计，企图蒙混过关，逃避责任。知道了这件事的原委，刘禅不禁怒火中烧，他要严惩李严的欺君之罪。诸葛亮等大臣对李严乱军乱法，危害国家统一大业的行径也向刘禅上了奏章。刘禅将李严削职为民，流放到了梓潼郡。

公元 234 年，从北伐前线五丈原军中传来了诸葛丞相病卧不起，且病情日益恶化的消息。刘禅急忙让尚书仆射李福赶到五丈原营中探询。不日，李福回成都禀告刘禅说："丞相身体虚弱，病情日深一日，再为陛下效力的时间恐怕不多了。"刘禅大惊失色，惊恐万分，他命李福再度星夜赶往丞相处，询问丞相身后事宜的安排情况。诸葛亮见李福返回，已知其意，说道："你要问的人，蒋公琰（即蒋琬）合适。"李福又问蒋琬之后谁可接替，"费文伟（即费祎）可以接替他。"当李福还想再问下去的时候，诸葛亮却闭目不再作答。

八月，诸葛亮去世，噩耗传到成都后，刘禅忍不住失声恸哭，几将昏厥过去。宫中也失去了往日的喧嚣，到处弥漫着悲哀的气息。但就在这人心惶惶之时，前方征西大将军魏延传回的密表却更使朝廷上下惊骇万分，他密告长史杨仪趁丞相去世，正企图引魏兵入蜀，情况险急。刘禅慌忙找来蒋琬、董允等大臣商议。这时候，杨仪也传来表章，却是细述魏延企图劫取丞相灵柩，违背军令图谋不轨的罪责。魏延、杨仪各执一词，刘禅还未从相父去世的哀伤中清醒过来，又遭逢如此错综复杂的形势，脑子里一片混沌，不知如何是好。蒋琬和董允细细分析事情之后，觉得丞相应该早料到会如此，就劝刘禅不要慌张。果然，诸葛亮对魏延早有戒心，只是惜其英武才留用身边。病危之中，他就密授费祎、姜维除魏计策，只可惜魏延还不知道事情的真相而已。

北伐大军回到成都后，刘禅为了纪念诸葛亮生前的丰功伟业，赐他忠武侯的谥号，遵照诸葛亮的遗嘱，将其安葬在汉中定军山（今陕西勉县南）。公元263年，在百姓和官吏的再三请求下，刘禅在沔阳（今陕西勉县南）修建一座祠堂，供百姓四时凭吊，追思丞相的功绩。刘禅根据丞相举荐，任命吴懿为车骑将军、假节，管理汉中地方事务，蒋琬为尚书令，总统国家军政要事，任命杨仪为中军师，司马费祎为后军师，征西姜维为右监军、辅汉将军。

从此，蜀国在刘禅的统治下日渐衰微，走向灭亡。

宦官专权，蜀国灭亡

面对诸葛亮逝世，朝廷内外惊慌不安，尤其是对刘禅重用蒋琬一事，更是让很多人不满。蒋琬身居一人之下，万人之上，却能镇静自若，没有因为诸葛亮的去世而紧张失措，也没有因为得到高升而洋洋自得，神情举止就跟平常完全一样。过了一段时间，人心安定下来，大家对他也逐渐信服了。刘禅见蒋琬忠正可靠，继续执行诸葛亮生前制定的政策，对内保国安民，休养生息，对外和东吴维持盟好，共同抗击曹魏，心目中的愁云很快就消散了。

蒋琬得到刘禅的重用和信任，却引起了中军师杨仪的不满。他认为自己的资历和才能都在蒋琬之上，且又有诛杀魏延、保护丞相灵柩安然而返的功劳，升官晋爵理应在蒋琬之上。于是他怨天尤人，竟至于在大庭广众之下抱怨当今皇上昏聩，蒋琬更是无能。一次，他对费祎扬言："想丞相初亡之时，我若举师投奔魏国，也就不会落得现今这样的结果了，真是后悔不及啊。"费祎把这话密告了刘禅。

刘禅一怒之下就把杨仪流放到了汉嘉郡（今四川雅安地区）。不久，刘禅又收到杨仪从流放地来的表章，其言词激切，态度傲慢。刘禅终于下令将他就地处死。杨仪最终落了个身败名裂的下场。

公元236年夏，刘禅见国家太平无事，自己久居宫中闷得发慌，就让宫人为他备好车马去湔郡（今四川灌县）游玩。他们一行轻车快马，很快就到了湔郡被当地人称为斗鸡台的小坪上，在这里观赏都江堰风光。岷江水势汹涌，从刘禅他们的脚下飞奔而过，经过都江堰水利工程分流、调节以后才平缓地流向远处，水尽其用，造福桑农。刘禅陶醉于这壮美的人间胜景之中，流连忘返，10多天以后才满意而归。第二年夏，皇后突然病故，刘禅立即将年轻貌美的皇后的侍女王氏封为贵人，十分宠爱，并于公元238年将王贵人所生的儿子立为皇太子。

公元242年，蒋琬向刘禅提出了改从水道东下，直捣魏国的魏兴（治所在今陕西安康西北）和上庸（今湖北竹山县）的主张，遭到朝廷中的许多人的反对。刘禅见有这么多人反对，自然也就不同意蒋琬的出兵计划了。后一年，刘禅又接到蒋琬的奏章。在这份奏章里，蒋琬根据尚书令费祎等人的意见提出任命姜维为凉州刺史，以备伐魏。蒋琬自己则率军作姜维的后盾，进驻到水陆交通便利的涪县（今四川绵阳市）。刘禅这次并无二话，当即准奏。

然而，这时的刘禅开始嫌自己的宫廷乐队不够气派，侍奉自己的宫女也不尽如人意。他下令在蜀地选拔优秀音乐人才扩大他的乐队，采择美女充实他的后宫。刘禅的计划遭到了学者兼太子老师谯周和老臣董允的坚决反对。董允为人方正直爽，不亢不卑，对上敢于犯颜，对下不徇私情，深得朝廷内外敬重。他和诸葛亮、蒋琬、费祎一起被蜀地百姓誉为朝中"四英"。董允直接掌管着皇帝日常生活安排大权，他不执行刘禅的命令，并和谯周一起上疏，劝谏刘禅说，历代帝王都是因为耽于声色而遭灭国之灾，只有居安尽危，有卧薪尝胆之志，才能于艰险之中做出大事业，实现先主的愿望。刘禅对董允等直谏犯颜大为不快，但又无可奈何。就在他忌恨一些老臣的时候，宦官黄皓闯进了他的生活。黄皓善于投人所好，玩弄权术。他在刘禅而前毕恭毕敬，百依百顺，刘禅很快从他身上感到一种满足和快乐。他需要黄皓这样的人。董允知道黄皓为人奸诈，居心叵测，见刘禅日益与他亲近，不免有些担心。他屡次当面斥责黄皓心术不正。黄皓对他怀恨在心，但也不得不假装有所收敛。公元246年，蒋琬去世，刘禅赐给他"恭侯"的谥号，把蜀汉军政大权交给费祎和姜维共同执掌。

姜维是诸葛亮在军事方面的继承人，他出生在陇西地区，熟悉当地的风俗民情，很想利用这些有利条件，让那里的少数民族作为帮手，出兵攻占魏国的陇西地区。但费祎非常谨慎，他对姜维说："你我的才能比起诸葛丞相来要差得很远，丞相尚且不能平定中原，何况你我这样的后辈呢？还是保国安民，敬守社稷，等来日有才能的人来完成一统汉家天下的愿望吧。把希望寄托在侥幸的成功上，失败了连后悔都来不及啊！"每当姜维想调兵攻打魏国时，费祎最多只拨给一万人。直到公元253年正月，费祎在一次宴会上被获其信任的魏国投降过来的郭惰刺死，姜维这才开始总督蜀汉军事，按照自己的意志屡次大举兴兵攻打魏国。

公元255年，刘禅设朝议事，姜维提议由他率兵伐魏，但征西大将军张翼坚决反对这一主张。他对刘禅说："蜀国伐魏多次，并未取得利益。蜀的力量本来就弱小，百姓负担又日见加重，这样下去，不仅不能战胜魏国，就是想保住目前天下三分的局面都会困难。"刘禅似乎正想说话，不料姜维怒气冲冲地指责张翼说："未曾出师却先泯灭自己的斗志，这难道是蜀军将帅的应有之举吗？"他又对刘禅劝谏道："丞相在世时，也曾有人指责出兵北伐是穷兵黩武，但丞相不因有人提出异议就偏废了大事。请陛下准许我再次兴兵伐魏，以报答陛下您对我的圣恩。"刘禅批准了姜维的计划。姜维兵出狄道，在洮西大败魏国刺史王经，杀死魏军好几万人，取得了一次空前的胜利。刘禅高兴之余，即下诏提升姜维为大将军。但姜维在接下来的一次攻打魏国上邽（今甘肃天水市西南）战役中，由于蜀汉镇西大将军胡济未能与他按期会师，致使他被魏国大将邓艾打得大败而逃，损失惨重。不久，刘禅收到姜维要求自贬的表章。而朝廷内外对姜维出兵失利、劳民伤财之举的议论沸沸扬扬。刘禅就下诏把姜维降为后大将军，仍行使大将军的职权。

公元257年，慑于董允压力而不敢过于肆虐的黄皓开始青云直升，得到刘禅的重用，公开干预朝政了。刘禅一开始只是把黄皓当作供自己玩笑取乐驱遣用的走卒，可是，天长日久，黄皓那一副在他面前战战兢兢、俯首听命的奴才相，对自己的尊崇和歌颂，逐渐成了他生活中不可缺少的重要组成部分。和黄皓在一起，他才觉轻松、自在、快活，才体会到一种帝王的荣耀和自尊。刘禅想起了自己的历任辅佐大臣诸葛亮、蒋琬、费祎以及姜维，在他们的簇拥、辅佐之下，刘禅始终感受到几分凛然的威压。因此，没过多久，刘禅就提升黄皓为奉车都尉，中常侍。

姜维再也不能容忍刘禅对黄皓日甚一日的信任了，他向刘禅秘密进言说："历史上宦官权重以致亡国的事例并非罕见，陛下如此重用小人黄皓正是在冒着危险啊。不如把他杀了以正视听。"刘禅对姜维的话很反感，回答说："黄皓算得了什么？只不过是一个供人驱使的小臣罢了。过去董允恨他，当面怒斥他，我就感到奇怪。今天你又何必再介意他呢?"刘禅随后把姜维的不满透露给黄皓，并让他亲自拜访姜维以释前嫌。姜维不曾料到刘禅会这样做，深思熟虑之后，便通过黄皓央求刘禅让他带兵进驻沓中（今甘肃甘南藏族自治州）屯垦，干脆不回成都了。

姜维带兵回避于外，朝廷中对黄皓不满的人也都是敢怒不敢言，黄皓就更加飞扬跋扈，目中无人。刘禅的弟弟甘陵王刘永对黄皓向来反感，现在更是憎恶他的狐假虎威、阴险狡诈。黄皓的党羽很快把这一消息告诉给他，黄皓就屡次在刘禅面前说刘永的坏话，最后，刘禅对刘永有了戒心，同他疏远关系，并在十年里都不允许他来成都拜见。

刘禅重用黄皓，致使朝廷里小人当道、乌烟瘴气。而魏国却整肃兵马，伺机吞蜀伐吴，一统天下。公元263年春，刘禅从姜维那里得到消息，说魏国即将发动大规模的攻打蜀国的战争，蜀应增兵把守各关口要隘，严阵以待。刘禅同黄皓商量这件事。黄皓早对姜维恨之入骨，正想找机会废其兵权，于是他就不断怂恿刘禅。刘禅正拿不定主意，黄皓又带他去庙中求神问鬼，结果果真应验了黄皓的话：魏兵不会进攻蜀国。于是，刘禅就彻底宽了心，宫中照旧日夜笙管悠扬，歌舞升平。

公元263年冬，魏国派出3支大军进攻蜀汉，征西将军邓艾带领3万多人，自狄道向沓中进攻姜维；雍州刺史诸葛绪带领3万多人，自祁山向阴平附近桥头进攻，截断姜维后路；镇西将军钟会带领10万多主力人马自斜谷等地进取汉中。魏将邓艾足智多谋，身先士卒，率奇兵偷袭阴平小道，绕过剑阁天险，攻陷绵竹，一马当先直抵成都城下。

　　魏军似从天而降，刘禅才从梦中惊醒。此时兵临城下，蜀汉主力尚在远方作战，生死存于一旦。刘禅询问众臣意见，大家也不知如何是好。太中大夫谯周慷慨激昂，站出来高声说道："陛下，臣以为现在只有一条路可走，就是开门献城，投降魏国。"刘禅闻言，直看着谯周，心中有几分惊异，又有几分紧张和茫然。谯周接着说："按照古代的惯例，陛下降魏，可保全性命，又可得到分封，仍不失荣华富贵的地位。现在魏兵压境，时不待我，望陛下早做决断，以免城破人毁，悔之不及。"刘禅无言，仍坐在那儿发愣。投降魏国就意味着放弃属于自己的江山、土地、皇帝的宝座，归附于别人，向别人拱手称臣，刘禅情不自禁地想起了先皇的遗愿，想起了相父的教诲，他感到一阵创痛。谯周又打断了他的思绪，说："陛下投奔东吴，已是寄人篱下，而蜀亡东吴必不能久存，到时陛下又不得不第二次对魏称臣，陛下难道愿意两度受辱吗？至于逃难南中，更是荒唐之言。南夷向来不肯臣服蜀汉政权，近年来已有多起反事发生。现投奔南夷，谁能料到他们不会乘我之危，捆绑我们贡献给魏国呢？陛下，臣愿只身前往魏军营中接洽绽纳之事，担保陛下的安全和日后的富贵。"刘禅此时也已无计可施，又被谯周一番话说得心动，就下令由秘书令邵正起草降书，谯周等准备投降献城。

　　刘禅有一个儿子叫刘谌，被分封为北地王，性情刚烈、忠勇，对谯周劝降十分愤恨，对父皇听从其计更是失望。他对刘禅说："陛下理应号召大家背城一战，同死社稷，这样才有脸面去见先帝。怎么能听信腐儒的叫派胡言，毁先帝创立的基业于一旦呢？"刘禅见儿子居然也当众反对自己的意见，勃然大怒道："你难道想让全城血流成河吗？赶快退下去，不要再多言了。"

　　谯周很快就接洽好蜀国开门献城、对魏称臣事宜。这天，刘禅由他和众臣陪同，抬着棺木，缚着绳索，到城外魏将邓艾军中请降。邓艾见状急忙给刘禅解开绳子，当众焚烧棺木，然后和刘禅一起坐车进入城中。不久，又授予刘禅骠骑将军的称号。刘禅依然住在宫中，供奉一律照旧。而就在刘禅献城迎魏军这天，北地王刘谌带着妻室儿女到昭烈皇帝庙宇内放声痛哭，悲伤欲绝。刘谌在这里亲手杀死妻子儿女后，也自刎而死，全家殉国。

刘禅又派人把蜀汉的士民簿交给邓艾，上面记载有领户 28 万，男女人口 94 万，将士 10 万 2 千，大小官吏 4 万，米 40 余万斛，金银各 2000 斤，锦绮彩绢各 20 万匹。刘禅还派太仆蒋显传他的命令，要正在前线浴血奋战的姜维等将士就地投降魏军。姜维等接到投降命令，悲愤不已。但事已至此，姜维在得知刘禅确实还在成都后就投降了阵前的魏将钟会。

三月，刘禅奉魏文帝诏举家东迁魏都洛阳，被封为安乐县公（今陕西平利县一带），食邑万户，赐绢万匹，奴婢百人。随刘禅一同迁到洛阳的刘永、刘理、谯周、郁正等也都被封官晋爵，各有去向。晋公司马昭为此特设宴以示庆贺。宴席上，司马昭让舞女演唱蜀地风情的歌舞，在座的蜀汉降官见此无不伤感，唯独刘禅嬉笑自若，就如以前贵为天子时观赏歌舞一样的欢悦，一样的心境。司马昭看到刘禅如此的麻木、淡然，感慨地对身旁的大臣贾充说："人之无情，竟然如此。即使诸葛亮在世，也不能辅佐他获得成功，更何况区区一姜维呢？"贾充意味深长地回答说："他若不如此，殿下您又怎能有今天的胜利呢？"司马昭沉默了半晌，问刘禅："你是否很思念蜀国呢？"刘禅随口答道："这里很开心，我并不思念蜀国。"一会儿，刘禅起身更衣，紧挨其侧的郤正也跟了出去，对他说："假如司马文王问您是否思念蜀地，您可以流着泪告诉他，说祖先坟墓远在陇、蜀，我没有一天不怀念他们的，心里也常感到悲伤。"刘禅重新就座不久，司马昭果然又提及同样的问题。刘禅就把郤正刚才教他的话重复了一遍，说完想挤出些眼泪，可又不成，最后只好闭起眼睛假装忧伤。司马昭听完后故作惊讶地叫道："你说的话怎么竟像郤正说的一样啊！"刘禅大惊，睁开眼说道："正是如您所说啊。"司马昭和魏国群臣见状大笑不止。

刘禅被封为安乐县公，照旧有笙管鼓乐取乐，可外出游览消遣，他深深地为自己感到庆幸，因为从此以后，再也没有人劝谏他要砥砺意志、不忘先主一统天下遗愿，再也没人干涉他纵情于声色之中了。刘禅很快习惯了这种为人臣的生活，把远在故国曾是他治下的黎民百姓、他曾经有过的为人君的生活、那里的山山水水一并忘到九霄云外去了。

■ 相关链接

扶不起的阿斗

邓艾灭了蜀汉以后，刘禅还留在成都。司马昭觉得让刘禅留在成都总不大妥当，就派他的心腹贾充把刘禅接到洛阳。

刘禅本来是一个昏庸无能的人。诸葛亮在世的时候，全靠诸葛亮掌管着军政大事。诸葛亮死后，还有蒋琬、费祎、姜维一些文武大臣辅佐他，到蒋琬、费祎死去后，宦官黄皓得了势，蜀汉的政治就越来越糟了。

刘禅到了洛阳，司马昭用魏元帝的名义，封他为安乐公，还把他的子孙和原来蜀汉的大臣50多人封了侯。司马昭这样做，无非是为了笼络人心，稳住对蜀汉地区的统治。但是在刘

禅看来，却是很大的恩典了。

有一次，司马昭大摆酒宴，请刘禅和原来蜀汉的大臣参加。宴会中间，还特地叫了一班歌女演出蜀地的歌舞。

一些蜀汉的大臣看了这些歌舞，想起了亡国的痛苦，伤心得差点儿掉下眼泪。只有刘禅咧开嘴看得挺有劲，就像在他自己的宫里一样。司马昭观察了他的神情，宴会后，对贾充说："刘禅这个人没有心肝到了这步田地，即使诸葛亮话到现在，恐怕也没法使蜀汉维持下去，何况是姜维呢！"

过了几天，司马昭在接见刘禅的时候，问刘禅："您还想念蜀地吗？"刘禅乐呵呵地回答说："这儿挺快活，我不想念蜀地了。"

回到刘禅的府里，郤正说："您不该这样回答晋王（指司马昭）。"

刘禅说："依你的意思该怎么说呢？"

郤正说："以后如果晋王再问起您，您应该流着眼泪说：我祖上的坟墓都在蜀地，我心里很难过，没有一天不想那边。这样说，也许晋王还会放我们回去。"

刘禅点点头说："我记住就是了。"后来，司马昭果然又问起刘禅，说："我们这儿待您不错，您还想念蜀地吗？"

刘禅想起郤正的话，就把郤正教他的话原原本本背了一遍。他竭力装出悲伤的样子，但是挤不出眼泪，只好闭上眼睛。

司马昭看了他这个模样，笑着说："这话好像是郤正说的啊！"

刘禅吃惊地睁开眼睛，傻里傻气地望着司马昭说："对，对，正是郤正教我的。"

司马昭不由得笑了，左右侍从也忍不住笑出声来。

刘禅的昏庸无能在历史上出了名，后来，人们常用"扶不起的阿斗"比喻那种懦弱无能、没法使他振作的人。

前秦宣昭帝苻坚

前秦宣昭帝苻坚（公元338~385年），字永固，又字文玉，小名坚头，是前秦第三代皇帝，为第一代皇帝苻健之弟苻雄之子，公元357~385年在位。天性聪明颖慧，年少时即任龙骧将军，幕下人才云集。357年，击败以残虐为能事的第二代皇帝苻生，登上帝位，随即启用王猛等贤才，确立法制、振兴农业、开辟道路、奖励学术等，极力充实内政，政绩斐然。对外也多有建树，370年灭前燕，376年征讨前凉，占有整个中国北部，势力扩大到西域各国，自此，能与前秦对抗的仅有占据江南的东晋。苻坚野心勃勃，想征伐东晋，实现统一全国的愿望，于383年大举出兵南征，在淝水大败，即历史上有名的"淝水之战"。真可谓是"一招不慎，满盘皆输"。385年，国内发生内乱，被杀，死后9年，前秦灭亡。

诛杀暴君，登帝位

苻坚自幼聪明过人，7岁时就知道帮助周围的小伙伴了。八九岁时，言谈举止犹如大人，所以备受祖父苻洪的宠爱，并常将他带在自己的身边。当时有个善于相面的人，在路上看到苻坚长相奇特，就上前拉住他的手说："这里是皇帝巡行的街道，你们在此玩耍，不怕司隶校尉把你们捆起来吗？"苻坚回答说："司隶校尉只捆有罪的人，不捆玩耍的小孩。"听完后，相面人对随行的人说："这孩子有霸王之相。"后来两人又相遇，相面的人悄悄对苻坚说："你的面相不同寻常，日后必定大贵。"苻坚一本正经地说："如果真的有那一天，我终生不会忘记您的恩德。"

在苻坚 8 岁的一天，他突然向爷爷苻洪提出请个家庭教师。苻洪惊奇地望着孙子说："我们这个民族从来只知喝酒吃肉，如今你想求学，实在太好了。"于是欣然答应。第二天就请来了家庭教师。苻坚学习非常刻苦，潜心研读经史典籍。

苻健在位期间，年少的苻坚已经拜任龙骧将军，自此起，其卓绝之领导才能即显露无遗。随着学识和能力的不断增长而立下了经世济民、统一天下的大志，又因为苻坚具有引人归向的力量，当时贤能谋略之士，无不齐集苻坚幕下，如王猛、吕婆楼、强注、梁平老等。苻坚声名远播，连太原的薛赞、洛阳的权翼等人也慕名而来。因此，苻坚成了朝野内外享有盛誉的佼佼者。

公元 353 年，苻健病死，其子苻生继承帝位。苻生"幼而无赖"，天生顽劣，祖父苻洪唯恐祖业败在他的手中，曾对苻健说："这孩子狂妄、残暴，最好早点除掉，要不然将来一定会亡国、亡家。"幸好叔父在旁劝阻，才免苻生一死。然而苻生年岁越长，越显粗暴悖乱。

苻生即位之后，其暴虐的本性日益显露出来，并没日没夜地沉湎于酒色，视杀人如儿戏。每逢接见大臣，都让侍从箭上弦，刀出鞘、铁钳、钢锯等摆放跟前，看谁不顺眼就随即杀掉。如果哪位大臣有所劝谏，就被视为诽谤，立即杀掉；若有人说句奉承话，就被视为献媚，也会被杀害。

面对动辄得咎的情形，朝中人人自危，因此众臣相继背弃苻生，暗中拥护苻生的堂兄弟龙骧将军苻坚，都希望苻坚取而代之。其中薛伽、权翼私下对苻坚说："苻生太残忍暴虐了，搞得全国人心离散。常言说得好，有德者昌，无德者亡。苻生无德，应该早作打算，以顺民心，不要让政权落到他人手中。"苻坚也想早日除掉暴君，只是感到实力不足，不敢轻易动手，而在暗中谋划。

或许苻生也听到了风声，在公元357年的一个夜晚，对一位侍女说："苻法和苻坚兄弟也不可信赖，明天就把他们除掉。"等苻生熟睡后，侍女秘密报告了苻坚。苻坚兄弟才不得不立即采取行动，召集亲兵，分两路冲进苻生的王宫，把睡得正酣的苻生拉到另外一个房间杀掉了。暴君苻生在位仅二年，享年只有23岁。

公元357年，在朝臣的一致拥戴下，年仅19岁的苻坚在太极殿登位，号称"大秦天王"，改年号永兴，大赦天下。

励精图治

苻坚即位时，前秦社会一派混乱。关中本来是各民族杂居的地区，民族仇杀此起彼伏。前秦在战乱中建国，法律制度都不健全。苻生又实施残暴统治，已有水旱灾害发生，致使千里秦川豪强横行、老百姓苦不堪言。面对这样的现状，苻坚采取了一系列措施。

●广招人才，重用王猛

苻坚在做东海王时，就痛感时弊误国害民，因而即位后决心开创清明的政治局面，整顿吏治，惩处不法豪强，平息内乱，实行与民休养生息的政策。他深知明政无大小，以得人为本的道理，所以广招贤才，并首先从调整最高领导机构入手，果断地处斩了帮助苻生作恶的佞臣董荣、赵韶等20余人。提拔重用了一批精明廉洁的汉族士人参与朝政，其中最有影响的就是寒门出身的王猛（字景略）。

王猛虽然出身贫家，但博学而好兵书，个性温厚而不拘小节。曾经感叹生不逢时而隐居华阴山中，后因苻坚的延揽，成为其幕下宾客。两人初次见面即相谈甚欢，颇有相见恨晚之叹。

苻坚即帝位后，立即启用王猛为中书侍郎，未几，又遣其外任始平县县令。当时，此县豪族专横异常，目无法纪，致使政府威令不得贯彻。王猛一到任，立即大刀阔斧整顿县政，毫不惧怕豪门贵族的专横，一切依法执行，明辨是非曲直。

王猛的雷厉风行自然招到了反对。有一次，王猛鞭杀一名贪官，反而被告发，最终被装进槛车（押送囚犯的车）送回国都，由苻坚亲自审问："处理政治必须以德化为先，你初到任，即大肆捕杀，不论理由为何，岂不太过分了吗？"王猛回答："臣听说治理太平之国必须以礼，混乱之国必须以法。陛下不嫌臣之不才，任臣为最难治理之县之县令，可是纲纪之肃正方才就绪，就押臣返都；若陛下责臣之治理过于缓慢，臣甘心受罚，然陛下竟责臣过于严厉，恕臣不能接受。"苻坚听后，非常高兴地说："王景略固此夷吾、子产之俦也。"从此，更加信任王猛。

而王猛也不负苻坚所托，一心为皇帝权力的扩大和中央法令的贯彻而努力。如果说苻坚的政治态度为"柔"的话，王猛的态度就是"刚"，他们二人一柔一刚，不但没有造成冲突、矛盾，反而刚柔互济、相辅相成，实在是难能可贵，也是前秦国之福。

●重视文化教育

随着吏治的整顿，恣意妄为，贪污受贿等腐败现象日趋消除，社会风气和社会治安大为好转。苻坚又开始了礼治建设，设立学校办教育，提高民众的文化素质，培养治国人才。他自幼学习汉族文化，仰慕儒家经典，为扭转迷信武力、轻视文化知识的落后观念，积极恢复了太学和地方各级学校，广修学宫，招聘满腹经纶的学者执教，并强制公卿以下的子孙入学读书。苻坚每月到太学一次，考问诸生经义，品评优劣，勉励他们刻苦学习。

苻坚还亲自挑选品学兼优的学生，让他们到各级权力机构任职。同时规定：俸禄百石以上的官吏，必须"学通一经，才成一艺"。如果不通一经一艺，则一律罢官为民。由于苻坚的大力倡导，并将文化与官吏的选任结合，前秦很快就出现了劝业竞学、养廉知耻的风气。不仅培养了官僚后备队伍，提高了统治阶层的文化素质，同时也促进了民族间的文化交流。

●发展农业生产

苻坚即位时，前秦的经济形势也极其困难。由于战乱不息，天灾连年，致使国库空竭，民生凋敝。为了迅速扭转百废待兴的萧条局面，苻坚决定偃甲息兵，大力发展生产。

公元358年，前秦广大地区遭到大旱，为了同老百姓一起度过难关。苻坚下令减少自己的膳食，撤销歌乐，后宫皇妃以下的宫女改换布衣，不再穿绫罗绸缎。文武百官也相应地减少俸禄，以示与民共休戚。同时还指令开发山上的矿产林木，解除限制河流湖泊渔业的禁令，使国家和老百姓共同分享。停止一切军事行动，使人民获得休养生息。由于苻坚的措施得力，虽然遭遇大旱，却没有引起大的饥荒灾难。

为了解决关中地区少雨易旱的问题，苻坚下令官府征调了豪富童仆3万人，开发泾水上游，凿山起堤，疏通沟渠，灌溉梯田和盐碱地，使荒芜多年的田地又重新长出了五谷，老百姓深受其利。苻坚还亲自耕作，他的夫人苟皇后也到近郊养蚕，以劝勉农民积极从事农业生产和丝织。苻坚又多次派遣使臣到各地巡视，抚恤孤寡老人。劝课农桑，推广先进的生产技术，奖励努力种田的农民。后来，前秦再次遭遇大旱灾，苻坚考虑到农民歉收，就下令减免部分租税，节约官府开支，适当降低官俸，并规定不是当务之急就不要征派徭役了。

由于苻坚把发展农业作为基本的国策，前秦的经济恢复很快，几年后便出现了安定清平、家给人足的新气象。

史书记载，从长安到各州都，都修了通道驿亭，游人和商贩沿途取给十分方便。民间流传着这样一首歌谣：

"长安大街，杨槐葱茏；

下驰华车，上栖鸾凤；

英才云集，诲我百姓。"

从这一首歌中，充分流露出当时民众感戴政府之情，满足于当时的政治而讴歌太平。苻坚在短短数年之间就有如此治绩，他的睿智贤能自然是毋庸置疑的。

● 纳谏如流

随着经济实力的恢复，苻坚在平定内乱之后，又接连征服了前燕、前凉，瓦解了代国，使前秦获得空前的强盛。这时苻坚也出现了奢侈的苗头。接见群臣的大殿，挂起了珠帘；皇宫檐梁以及车马服饰等，也都用珍珠、宝石、美玉装饰起来。尚书郎裴元略进谏说：

"我听说尧帝和舜帝住的是茅草屋，周文王和周武王也都鄙视华丽的宫室。他们勤俭治国，所以才能够使天下和平兴盛了八百年。秦始皇追求享乐，穷奢极欲，结果未能传到孙子就亡了国。希望陛下引以为戒，修建宫廷不必追求雕梁画栋，要为天下广施纯朴的风尚，留下美好的风范。要以金玉为贱，以五谷为珍宝，体恤人民的疾苦。大力发展农业生产。除去那些无用的器皿，放弃那些难得的财货。要发扬高尚的道德情操以勉励浅薄的习俗，要兴办教育推广德政以怀柔边远地区的民众。这样才能使百姓安居乐业，最终获得天下统一，这就是臣下的心愿。"

苻坚听完非常高兴，于是下令撤去珠帘，并任命裴元略为谏议大夫。可见他保持了勤俭治国、洁身自律的本色，这也是前秦政治清明的根本所在。遗憾的是，苻坚在对外用兵上，未能始终虚心听取群臣的意见，而导致了英雄末路，遗恨千古。

淝水之战

苻坚志在统一天下，经过 20 多年的精心治理，基本上统一了中国北方，国富兵强，只剩下地处东南一角的东晋尚未征服，苻坚耿耿于怀。

建元十五年（379 年），前秦攻克了东晋的襄阳，俘虏了守将朱序。苻坚以"王道"施化天下万民的理想愈来愈急切，他认为夺取东晋，统一天下的条件已经成熟，于是决定伐晋。

公元 382 年 10 月，苻坚与群臣在太极殿共商远征东晋之事。苻坚说："我从继承大业以来，将近 30 年了。四方大致平定，只有东南一角，还没有蒙受君王的教化。我粗略计算了一下兵力，能有 97 万。我准备亲率大军东伐。你们以为如何？"

群臣对此事意见分歧，有的认为可，有的表示不可，不过，认为不可以的大臣占大多数。苻坚略感失望地说："我的行为就好像盖自己的屋子去问路人的意见，像这样讨论下去也不会有什么结果，算了，还是我自己定夺好了。"

于是群臣告退，朝议中止。可是苻坚气犹未消，喊住弟弟苻融。苻融在王猛逝世后被任命为车骑大将军兼录尚书事（宰相），一手总揽军政大权，为国家最重要之栋梁，深具将才，同时也很有政治手腕。苻坚对苻融说："自古以来，皇帝决定重要大事时，皆只与两三朝臣商议，我想与你二人来决定此项问题。"

苻融回答道："臣以为用兵东晋有三点困难：第一是天象显示我凶；第二是东晋无可乘之隙；第三是连年征战，我兵疲敝而厌战。因此，今日实非伐晋之时机。"

苻坚闻言变色，大怒说："真是岂有此理，连你也如此说。你难道不知道我国不仅拥有百万大军，而且兵器、粮食堆积如山吗？我虽不敢自言能力卓越，可是也不妄自菲薄。如今我想乘连战连胜的威力，讨伐衰弱将亡的东晋，哪里有战败的道理呢？我不能再眼睁睁地看着我的仇人目中无人地生存下去。"

苻融泪盈满眶地劝谏道："我国无法灭晋，这是人人皆可预见的事实，战争的胜利也不是仅仅靠大军就可获得，而且，国内的隐忧也不可不虑。皇上十分关怀鲜卑、羌与羯人，使他们迁徙到国都附近居住，但是其他民族的人对我们心怀敌意，如果皇上仅留下数万残弱兵卒在国都，让太子留守，就会将造成意想不到的巨变。京都长安是我国的心脏，一旦发生巨变，皇上认为该怎么办呢？我本来就是一个愚蠢的人，我的意见可能不足以采纳，但是一向受皇上夸奖足以与三国孔明相比的王猛，在临终之前不也是这么说的吗？我相信皇上不可能忘了他的话。"但苻坚仍充耳不闻。

后来，主张不可伐晋的大臣陆续上朝启奏劝阻，可是苻坚说："伐晋一事，只要比较敌我之兵力，即可知将如疾风之卷枯叶，情势明显若此，而汝等却阻止我前去攻伐，实令人难以理解。"

苻坚心中已被征服欲所填满，连睡觉也不忘伐晋之事。后来征服欲愈来愈强烈，苻坚愈发显得焦躁不安，终至无法入眠，苻融见此光景，亦十分痛心，又引用《老子》之言来劝谏："古人云：'知足不辱，知止不殆。'自古以来，凡是穷兵黩武，动辄行使军事力量之人，皆不免于自灭。前秦乃属氐族之国家，自不愿意沦人他族之手，皇上所言不差，东晋确已衰弱得有如游丝，然而其为中华之正统，天意不令其灭呀！"

苻坚依旧不肯采纳苻融之谏言，说道："有德者即帝位，此与天意无关。西蜀刘禅岂不是汉室之后裔了而终为魏所灭，此即为最佳明证。你知道你为何不及我吗？乃因你尽用心于琐碎无用之事，而缺乏通权达变之能。"

公元383年8月，苻坚果真亲率远征军，自长安出发。步兵60余万，骑兵27万，绵延千里，军容浩荡。苻坚以苻融为25万先锋军的元帅，麾下包括冠军将军慕容垂所率领的鲜卑军；羌族姚苌也被拜为龙骧将军，指挥益州和梁州的军队。总而言之，此为号称百万之庞大军队。9月，苻坚所率领之军已至项城，而凉州军才到达咸阳，战线东西长达万里，更有一万艘以上船只运送军粮。

另一方面，东晋王朝时为第九代孝武帝（司马曜）在位，丞相谢安十分贤能，掌握国政实权，其早已预料前秦一定会攻打晋国，因而命谢玄等人操练兵将，以备缓急之需。苻坚大兵来袭，谢安的弟谢石奉诏为征讨大都督，谢玄为前锋都督，严阵以待。东晋军总数不过 8 万，不及前秦之十分之一，人人议论苻坚百万大军来攻，个个震惊惶恐，只有谢安一人泰然自若，宴饮、下棋，和平常没有两样。谢安的从容不迫，无异于给谢玄等人打了一针镇静剂。

苻融攻陷寿阳后，拨给卫将军梁成等人 5 万士兵，让他们转向洛涧，抵抗东晋主力军，于是谢石、谢玄等人遭挫阻。此时，苻融忽然得到一封东晋军的密函，才知道是东晋前线的水军孤立奋战，请求谢石批准撤退的信，苻融读了这封信后，立即派人报告在项城的苻坚："敌方势单力薄，我方战胜绝无问题，可是唯一值得担忧的是不遇敌军，战争拖延，将对我军不利，为今之计，只有采用迅速围剿的战略才是上策。"于是，苻坚将大军留在项城，自己仅率领了8000 轻骑，抵达寿阳，和苻融军会合。

东晋军都督谢石听说苻坚亲临寿阳指挥作战，顿时惊慌失措，不敢出击，想等到敌军疲乏，再乘隙进攻。另一方面，谢玄所督领的精锐部队突破重围，攻进洛涧，一鼓作气击溃前秦军的防线，谢石所领的大军也受到鼓舞，勇气百倍，于是水、陆两方一起进攻。

苻坚与苻融一起登上寿阳城墙，瞭望战势，但见晋军阵形严整，节节逼近，苻坚不觉信心全失，十分惊慌，以至于将八公山的草木也当成东晋的兵马。由此而引出成语"草木皆兵"。

两军隔淝水相对峙，战事不容拖延，否则前秦大军一旦渡过淝水，兵力单薄的晋军一定会大败。因此，谢玄派了一个军使到苻融营中，说："贵军深入我国，只希望速战速决，但是大军现在驻扎在淝水岸边，长期僵持着。如果你们能将阵营稍稍向后移，让晋兵渡过淝水，双方再一决胜负，难道不是对双方都有利吗？"前秦军诸将都齐声反对，可是苻坚说："我军稍退几步，等到敌人渡到河中时，以骑兵出击，一定能取得胜利。"

符融也赞成苻坚的计策，于是下令全军撤退。但是秦军一退，谢玄就率领大军渡河追击。苻融骑马在队伍中奔驰，大声疾呼，试图督导后退的大军返头迎战，不幸他骑的马倒了，于是被晋兵杀害。前秦部队像雪山崩塌般败走，自相践踏而死的士兵遍布荒野，就连河水也被尸体阻塞。侥幸脱逃的士兵听到风声和鹤叫，都以为是晋兵追来了，成语"风声鹤唳"就是源于此。

苻坚在乱军中被流矢射中，千辛万苦逃至淮北，身边没有一兵一卒，损失十分惨重。

东晋军大胜的消息传递至晋都建邺，报告给谢安的时候，谢安正与来访的朋友下棋，听到胜利的消息后，脸上丝毫不见喜悦之色，若无其事地将捷报折叠放在桌子上，继续与朋友下棋。朋友问道："是什么消息？"此时谢安才开口说："没什么，那些小子破敌了。"然而，当下完棋后，谢安准备回到内屋，跨门槛的时候，木屐的齿不小心断折了都没有察觉，可见谢安虽然强作镇定，但是心中是十分高兴的。

经过淝水之战，东晋王朝的统治得到了巩固。不久后，以慕容垂为首地鲜卑族人大举叛旗，宣布独立。羌族的姚苌也随声附和，前秦境内顿时陷入无法收拾的混乱局面。很快地，苻坚遭到了身死国灭的悲惨下场。

■相关链接

苻坚言而有信

东晋时期，天下动荡，尤其是北方，各少数民族纷纷割据建国，一时小国林立，并互相攻伐，战乱不已。

秦国的苻坚很早就有了吞并燕国的想法，但因畏惧燕国大将慕容垂，而不敢动手。公元367年冬，慕容垂在燕国得罪了太傅慕容评，郁郁不得志，于是逃奔到秦国。苻坚听到这个消息，特别高兴，还亲自跑到离城很远的郊区来迎接。看到慕容垂一行来了，苻坚上前拉着他的手说："天生你这样的豪杰，必然会帮助我们完成兼济天下的大任，这是历史的重托。我一定要与您一起统一天下，然后才能让您荣归故里，世代封于幽州，这难道不是天下的大好事吗？"苻坚对与慕容垂一同前来的亲属随从，也以厚礼对待，大家都很高兴。

这时，苻坚身边的大将王猛提醒苻坚说："慕容垂父子，就像龙和虎一样，是难以驯服的，一旦时机来临，他们将难以控制，还不如乘早除掉他们，以免后患。"苻坚虽然觉得王猛说得有道理，但他难以采纳。苻坚觉得，自己要完成一统天下的伟业，正是要网罗天下英雄的时候，不管怎么说，慕容垂也算得上杰出的人才；而且他来秦国时，我对他已有过郑重许诺。平常百姓说过的话，都要算数，难道贵为皇帝，能言而无信吗？苻坚说到做到，重用慕容垂，封他为"冠军将军"。

后来王猛使反间计，唆使慕容垂的儿子反叛，并乘机诬陷慕容垂背叛，迫使他出逃，后来在半路上被苻坚的士兵所截获。这时苻坚依然深信慕容垂，并宽慰他说："我的法令是一人做事一人当，父子不株连，你儿子逃跑，你何必相从呢？"事后，苻坚仍如以前一样对待他。

淝水之战，苻坚大败而归，一路上召集散兵游勇，退到洛阳时，队伍已扩大到十万人。这时慕容垂向苻坚提出，他带一部分将士到北疆去，以安定边疆，苻坚答应了他的请求。不过符坚的部下则提醒他："慕容垂胆识过人，有勇有谋。他就像猎人养的鹰，饥饿时依附于人，但他时时刻刻都想翱翔于蓝天。在目前在个关键时刻，您正应小心看好他，怎能放虎归山林呢？日后您不仅难以控制它，相反，还会受到他的攻击。"符坚说："你说得不错。但是，我已经答应了他，岂能食言。一般老百姓说话都要算话，更何况贵为帝王，岂能出尔反尔？"最终符坚还是拒绝了部下的警告。

　　历史证明，大将王猛等的担忧都是正确的。淝水之战后不久，慕容垂就背信弃义地宣布独立，乘机肢解了前秦的统治。符坚的言而有信终被辜负。

隋炀帝杨广

隋炀帝杨广（公元569～618年），隋文帝次子，一名英，母亲是隋朝皇后独孤氏，隋朝第二代皇帝，公元604～618年在位。少敏慧，好学善诗文，仪容俊美，开皇元年（581年），立为晋王。六年，任淮南道行台尚书令。八年冬，任行军元帅统兵伐陈。灭陈后，封太尉。自幼性机敏，善于察言观色，取悦父母。开皇二十年（600年），将其兄杨勇自太子宝座上拉下，自己取而代之。604年，文帝崩，继立为帝。大业初，兴修运河，营建东都洛阳，大造宫殿西苑，迫使人民从事无偿劳役，严重破坏生产，后在江都（今江苏扬州）被禁军将领宇文化及等所杀。庙号世祖，谥号明帝，唐时改谥炀帝。其政绩和暴政都很突出，有人拿商纣王、秦始皇等与他相比，并称"暴君"。

夺太子，登皇位

隋炀帝杨广是隋朝开国皇帝杨坚的第二个儿子，上有兄杨勇，下有俊、秀、谅三位弟弟。

公元581年，文帝即帝位，建立隋朝，封杨勇为太子，封杨广为晋王，兼任柱国及并州（太原）太守。

杨广英俊潇洒、聪慧灵敏，少时就好学问、善诗文，貌似忠厚，其实工于心计。有一次，文帝驾临杨广宅邸，见其府中许多乐器都断了弦，并且有厚厚的灰尘，好像很久没有弹奏一样，于是，文帝以为杨广不喜笙歌乐舞，因而较从前更喜欢杨广。还有一次，杨广看别人狩猎，忽然天降大雨，左右侍从连忙取出雨衣给他，被杨广一口拒绝，并说："大家都在淋雨，我怎么可以一个人穿上雨衣呢？"

远离声伎和拒穿油衣都是身为一国之君所必要条件，同时也可以看出一个人的素质和修养。这两件事情本来是值得人们称颂的，但是杨广之所以这样做，并不是发自内心，而完全是沽名钓誉的行为，因此等到他后来登上皇位后就日渐暴露其本性。

杨广在矫揉造作塑造自己形象的同时还不忘立下赫赫战功，提高自己的声望。

公元589年，年仅20岁的杨广被拜为隋朝兵马都讨大元帅，统领51万大军南下，向富裕、强盛的陈朝发动进攻，并完成统一。当时人们认为"长江天堑，古以为限隔为南北……"就连当年苻坚百万大军都没有突破长江天堑。但是，隋军在杨广的指挥下，纪律严明、英勇善战，一举突破了长江天堑。攻城略地，所向披靡。而对百姓"秋毫无犯"，对陈朝库府资财更是"一无所取"，因此博得了人民广泛的赞扬，"天下皆称广以为贤"。20岁的杨广完成了中国的统一大业，结束了上百年来中国分裂的局面，也结束了中国三四百年的战乱时代。

公元600年，西突厥来侵，杨广又挂帅征剿来侵的敌人，最终大破西突厥。经过这两次战功，杨广的声望地位因而提高。

反观太子勇，则是一位"率意任情，无矫饰之行"的人。他心直口快，从来不知道矫揉造作，又加上他挥金如土，因此使历来崇尚节俭的文帝更加憎厌。另一方面，因为独孤皇后笃守一夫一妇的伦理道德，所以太子杨勇将太子妃元氏置之一旁，毫不顾忌地宠爱

其他女子的行为令独孤皇后十分不满。

杨广更加曲意迎合文帝与独孤皇后的心性，无论车马侍从、日常用度，无不恪守节俭的美德，并且与元配萧妃同进同出，绝不接近其他女子。相较之下，文帝与独孤皇后自然是越来越喜爱杨广。

599年，太子勇所倚恃的朝廷元老高颎被贬，这对杨勇而言是一件非常不幸的事。杨广却抓紧时机，大肆展开计谋。首先他笼络替代高颎而迅速崛起的另一元老大臣杨素，怂恿杨素在独孤皇后面前赞誉自己。于是，杨素对皇后说："杨广孝悌而恭俭，行性与皇上相同。"皇后答道："广确实十分孝顺，其妇亦足为闺阃之范，但是勇这孩子……"

杨广应用阴谋逐渐实现其目的，太子勇并非毫无察觉，但是，面对文帝与皇后的心意他已经无可奈何了。公元600年，杨勇被冠以叛逆的罪名，丧失了太子之位，幽禁在东宫。隋文帝随即立杨广为太子。

杨广阴谋得逞，获得了太子的宝座，其下一目标，自然是想登上皇帝的宝座。此时的文帝已年逾花甲，无需杨广玩弄权，只要静待文帝逝世，就可以如愿以偿。

果然，仅仅四年之后文帝就身染重病。但是，在政权交替之前，杨广已按捺不住其好色的本性，演出了一出遗臭万年的故事。

文帝的病情越来越严重，宠姬宣华夫人和重臣杨素等都在病床边服侍。有一天的黎明时分，宣华夫人准备出去更衣，杨广从后面追来想欺辱夫人，夫人抵死不从，挣脱后跑回文帝的床边。文帝见夫人神色有异，仔细询问之后，夫人泪流满面地说："太子无礼。"文帝叹息道："这个畜生怎么能把国家大事托付给他，独孤皇后误导了我呀。"事后，文帝想召废太子杨勇前来，托付后事，然而为时已晚，被杨广的部下阻断，宣华夫人也被迫离开。没过多久，文帝就孤孤单单地与世长辞了。

公元604年7月，杨广即位，次年改元大业，是为隋朝第二代皇帝，同时他也将隋朝基业毁于一旦。

在位期间的举措

杨广即位后，也采取了一些措施，尽管有些政策对后代产生了深远的影响，但是由于他过于急功近利，并且多数都是以自身享乐出发，使得朝廷上下民怨沸腾。

●大兴土木

隋朝经过文帝24年的治理，已经国富民乐，呈现出一片安定而不可动摇的太平盛世局面。财政上的充实，或许也是隋炀帝松懈逸乐的原因。炀帝即位后，陆续大兴土木，四处征掠，不仅耗尽国家财富，而且不恤民力，使农民陷于涂炭苦痛之中。

炀帝即位次年，在洛阳营建新都，称为东京，在其西方，又造了一座宏伟壮丽的离宫，名为显仁宫。此外，隋炀帝还在长安周围开辟一大片庭园，周长200里，此为著名的西苑。据说，炀帝每个月要动员200万人来兴建这座大花园，当时隋朝人口为4000余万，每月200万人从事劳役，给人民带来了沉重的负担。为了营造宫殿，炀帝命人远从江南运来成千上万棵巨木。一棵巨木需要2000人才能搬运，搬运木头的行列绵延千里，搬运费高达数十万钱。搬运工死伤过半，百姓苦不堪言。

607年，炀帝又从榆林开辟了一条国道，直抵蓟州（今北京）。此干道宽约百步，长达3000里。与此同时，炀帝又用了三年的时间来修筑长城，征募的壮丁也超过百万。

炀帝的诸多建设中，最难令后人忘怀的当属大运河之开凿。文帝时即已开凿沟通黄河与长安间的广通渠（584 年），以及衔接长江与淮水的山阳渎，大运河的工程已经进行了一半。炀帝继承父志，继续大运河之开凿，南至余杭（今杭州），北达涿郡（今北京附近），完成了贯穿大陆南北之大运河。605 年完成连接淮水和黄河的通济渠，608 年完成连接黄河与涿郡的永济渠，610 年完成连接长江与余杭的江南河，从而将钱塘江、长江、淮河、黄河、海河连接起来。

炀帝开凿大运河的目的有以下几方面：为其个人享乐；为了政治的需要，以便彻底统治江南；为了军事的需要，尤其开凿永济渠，更是为了配合远征高句丽的需要；为经济上的目的，江南物资丰富，大运河开通之后，将可充分将江南物资运往北方。

公元 605 年，通济渠完成后，炀帝就迫不及待地打造数艘船只，率领宫女和文武百官们，巡幸江都（今扬州）。炀帝所乘的"龙舟"是高达 15.0 米、宽约 16.7 米、长 66.7 米的四层楼船，船中金碧辉煌，极其豪华。每经过一州县，就下令官府献上百车山珍海味，因吃不完而倒掉的食物不计其数，可见炀帝的奢侈。

然而，大运河连接了黄河流域和长江流域，使两大文明的发祥地的交流不断加强。而大运河也顺理成章地成为南北物资交流的大动脉，满足了将已成为全国经济中心的长江流域同仍是政治中心的北方连接起来的迫切需要。同时，大运河的修建使水运畅通、发达，为我国后世的繁荣富强打下了坚实的基础。

●开拓疆土

隋炀帝即位时，北方势力最强的是突厥，它是匈奴的后裔。在炀帝即位数十年前，突厥就借其铁制兵器和肥壮良马急速扩展势力，对当时处于分裂状态的中国构成极大的威胁，突厥始终占据优势。炀帝对突厥采取或和或战的态度，两者的关系大致处于一进一退之推移中。而修筑长城，也是为了防御突厥。最终，隋朝迫使强大的突厥分裂成东突厥与西突厥两部，并在和东突厥的战斗中取得胜利。这也为唐太宗取得一系列的胜利打下了坚实的基础。

同时，北方的契丹族南下侵扰营州，公元605年（大业元年），隋朝派将领韦云起扬言借道去柳城（今辽宁朝阳南）与高丽交易，率军入其境，契丹人未加防备。韦云起率军进至距契丹大营50里处，突然发起进攻，大败契丹军，俘虏4万余人。从而阻止、拖延了契丹的进一步强大。

除北方突厥、契丹之外，西方还有吐谷浑族的威胁。据有今青海、新疆南部地区，这一带为通往西域的交通要道，并且是名驹"青海骢"的产地。公元609年，隋炀帝亲自率领大军从京都长安（今西安）浩浩荡荡的出发到甘肃陇西，西上青海横穿祁连山，经大斗拔谷北上，到达河西走廊的张掖郡。此峡谷海拔3000多米，终年温度在零度以下。士兵冻死大半，随行官员也大都失散。隋炀帝也狼狈不堪，在路上吃尽苦头。隋炀帝这次西巡历时半年之久，远涉到了青海和河西走廊。其意义重大。在封建时代，中国皇帝抵达到西北这么远的地方，只有隋炀帝一人。隋炀帝西巡过程中置西海、河源、鄯善、且末四郡，进一步促成了甘肃、青海、新疆等大西北成为中国不可分割的一部分。

隋炀帝到达张掖之后，西域二十七国君主与史臣纷纷前来朝见，表示臣服。各国商人也都云集张掖进行贸易。隋炀帝亲自打通了丝绸之路，这是千古名君才能有的功绩。为炫耀中华盛世，隋炀帝杨广在古丝绸之路举行了盛大的万国博览会，这是举世创举。

隋炀帝此次西巡开拓疆土、安定西疆、大呈武威、威震各国、开展贸易、扬我国威、畅通丝路。除向西北开拓疆土外，隋朝大军还向东南进行了一系列开疆拓土的战争，如 605 年讨伐今越南南部之林邑，610 年平定琉球（今台湾），这些战争的胜利使大隋王朝东南的领土疆域扩大到印度支那的安南、占婆（今越南地区）以及台湾等地。

● 开创科举制度

随着士族门阀的衰落和庶族地主的兴起，魏晋以来选官注重门第的九品中正制已无法继续下去。隋文帝即位以后，废除九品中正制，开始采用分科考试的方式选拔官员。隋炀帝时，正式设立进士科，我国科举制度正式诞生。这一制度一直沿用到清末。

大业二年（606 年），隋炀帝开设进士科，以考政论文章为主，选择"文才秀美"的人才。同时，还增加了科举的录取人数。至607 年，考试科目已经有了 10 科。这标志着科举制度的确立。大业三年（607 年），炀帝诏令："文武有职事者，以孝悌有闻，德行敦厚，节义可称，操履清洁，强毅正直，执宪不挠，学业优敏，文才秀美，才堪将略，膂力骁壮十科举人。"大业五年（609 年）炀帝又诏："诸郡学业该通，才艺优洽，膂力骁壮，超群等伦，在官勤奋，堪理政事，立性正直，不避强御，四科举人。"隋炀帝注重个人品质的选拔人才的政策，为初唐培养了大批强毅正直的人才。

科举制的确立是封建选官制度的一大进步：冲破世家大族垄断仕途的局面，起到抑制门阀的作用；扩大了官吏的来源，为大批门第不高的庶族地主知识分子参政提供了机会，"大者登台阁，小者任郡县"；科举制把读书、考试和做官紧密联系起来，提高了官员的文化素质；科举取士把选拔人才和任命官吏的权力，从地方豪门世族手里集中到中央政府手里，大大加强了中央集权，有利于政局的稳定。因此，这一制度为历朝沿用，影响深远。

●三征高句丽

炀帝大兴土木，征服突厥，讨伐吐谷浑、林邑，扩大国家版图，成为至大至尊的皇帝，但他仍不知道满足，从612年至614年，三度强行远征高句丽。

隋炀帝时，朝鲜半岛上高句丽、百济、新罗三国鼎立，而以与隋朝毗邻的高句丽势力最为强大。炀帝之所以不顾后果地远征高句丽，一来是为防备高句丽与突厥勾结，二来是百济与新罗分别向中国求援。然而，虽有远征的理由，却缺少远征的时机。如果炀帝能以冷静、客观的眼光分析国内的情势，就一定不会贸然出兵。面对连年建设巨大工程以及南征北讨，百姓疲乏，国力凋敝，原本丰裕的国库、财政已经完全枯竭，炀帝在这时候强行远征，实为不智之举。

可悲的是在此关系国家存亡之际，竟无一朝臣敢于抵死上谏。并非无谏言之臣，而是炀帝一向刚愎自用，向来不接纳大臣的意见，远离忠谏之臣，甚而诛杀之，结果其左右只剩下"唯诺取容，不敢忤意"的虞世基和"善候人主颜色，阿谀顺旨"的王世充等无用小人。

公元612年，隋炀帝第一次出兵强行远征高句丽，动员113万人，阵容十分浩大，可谓是空前绝后。全军自涿郡出发，经过40天才全部出城，行军队伍长达1000里。由30万士兵所组成的主力军渡过鸭绿江，侵入朝鲜半岛，一度逼进距高句丽国都平壤仅30里的地方，但因为补给困难，又加上高句丽士兵的激烈抵抗，最终败退，渡过鸭绿江并能够返回的士兵仅有2700人，是一场空前的惨败。在此之前，也曾发动 4 万水军，从海路攻打平壤，这支水师部队同样吃了败仗，能够侥幸脱逃而返回的仅数千人。

经过这次惨败，炀帝毫不后悔，更没有打消远征的念头。次年，又发动了第二次远征。但是士卒不能忍受长途跋涉的痛苦，纷纷脱逃，因此采用招募士兵的政策，组成一支志愿军"骁果"，作为远征军的主力。但是，此时，国内情势十分混乱，远征军刚在前线布好阵势，后方军事据点黎阳督运杨玄感立即举兵叛乱，一夕之间，纠合十余万群众举起起义大旗，声势十分浩大。炀帝见情势危急，只得下令远征军撤退，回去镇压国内的叛军。

杨玄感叛乱虽然不到两个月，就因为不善指挥而被镇压，但是却造成了非常大的影响，从此以后，各地叛军迭起，隋朝也走上了分崩离析、朝不何夕的道路。

公元 614 年，隋炀帝竟然无视国内纷乱的局面，第三次远征高句丽，然而士兵逃跑的现象更为严重，士气十分低落。正好此时的高句丽亦不能忍受隋朝军队的侵扰，十分厌战，于是派人求和，炀帝才停止了长期的远征。尽管隋炀帝这次决断是正确的，但是为时已晚，无法挽救国内颓败的局面。

被迫自缢，隋朝灭亡

第一次远征高句丽失败之后，全国各地人民纷纷揭竿起义，隋朝已然陷入了无法收拾的混乱局面。起义的主流人物多为农民，因为他们不能忍受炀帝的横征暴敛，根本无法维持生计，在万般无奈的情况下，铤而走险，希望能开创新的局面。而炀帝并非无视这些暴乱，曾经也采取了一些对策，但是他不思考形成暴乱的原因，不知道从政策上反省、改正，只是依靠武力镇压，以严刑峻法恐吓、阻止广大农民，结果不但无法平定暴乱，反而使起义之士前仆后继，逐步成星火燎原之势。没过多久，京城内也能出现了叛乱，形势岌岌可危。

面对这样的局面，炀帝逐渐丧失力挽狂澜的壮志，陷入了绝望的深渊。公元616年7月，炀帝不顾群臣劝阻，乘"龙舟"到江都避难。在避难时期，炀帝仍然过着醉生梦死、糜烂奢侈的生活。他在离宫中设有100余间房，每间房里住有经过严格挑选的美女，炀帝每日在不同的房里大开盛宴，欣赏美女，此等举措恐怕连夏桀、商纣都无法比拟。

炀帝堕落于歌声舞影的生活中，而天下情势更加恶化。各地的叛乱起义原本宛如一盘散沙，在逐渐出现几位势力较大的英雄之后，形成"群雄割据"的局面，而且有的朝中大臣也心生二心，背叛炀帝。炀帝对盗贼都无法镇压，更何况面对的是这些据地为雄的人物，事到如今，炀帝也知道自己来日无多，恐怕也会不得善终，经常对着镜子，摸着头叹息："不知何人将取我头颅？"

各地群雄并没有夺去炀帝性命，炀帝是被自己的侍卫所杀。隋炀帝的大部分侍卫都是长安一带的人民，跟随炀帝避难江都已经一年多了，炀帝根本没有回长安的念头，而侍卫们的妻子儿女都留在北方，大家思乡心切，却不能回去，终于在公元618年3月11日，拥护大臣宇文化及起兵，逼死了炀帝。

炀帝死前，都城长安已经落入太原留守李渊之手。李渊进京之后，拥立炀帝的孙子代王侑为傀儡，史称恭帝，自己一手掌握军政实权，直到炀帝的死讯传来，才废恭帝自立，建立起大唐江山。

相关链接

瓦岗寨农民起义

隋朝末年，隋炀帝统治残暴，连年大兴土木，对处征战不断，对内加重人民徭役、兵役负担，田地荒芜，民不聊生，致使义军蜂起。而瓦岗军是隋末农民起义中举义较早、发展最快、势力最强大的三大义军之一。

瓦岗军创始人翟让，东郡（今河南滑县东南）韦城人，原是一小官吏，因私自放狱中无辜百姓，被判处死刑，后在狱卒帮助下逃跑。翟让逃回家乡后，组织家乡农民发动起义，以瓦岗为根据地，故称瓦岗军。瓦岗军把斗争矛头指向隋朝政府和门阀士族，经常攻打运河中官府的粮船，并且规定不得侵掠百姓，因而得到了当地农民的拥护。同时他们又联合附近小股起义军，使队伍力量迅速壮大，成为一支强有力的农民武装，一起造反的还有同郡人单雄信等人。

起初，瓦岗军在汴水所经的荥阳郡（今河南郑州）和梁郡（今河南商丘）边界，夺取公私行舟的货物，杀富济贫，曾多次击败隋军围剿，队伍发展到 1 万多人，其主要成员以贫苦农民和渔猎手为主。大业十二年（616 年），贵族出身的李密，在参加杨玄感起兵失败后，投奔瓦岗军，被翟让收留。李密较有政治眼光，向翟让建议：先取荥阳，在馆谷休整部队，待士马肥充，然后与人争利。翟让重视李密的建议，首先攻取了荥阳。荥阳是中原的战略要地，向东是一片平原，向西是虎牢关，而虎牢关以西的巩县有隋的大粮仓洛口仓，取得洛口仓不仅可以得到大量的粮食，而且逼近东都洛阳。

面临强大的瓦岗军，荥阳太守杨庆无可奈何，隋炀帝特派"号为名将"、"威震东夏"的张须陀为荥阳通守，镇压瓦岗军。李密认为张须陀勇而无谋，于是建议翟让与张须陀正面接战，佯败而北走。李密率精兵埋伏在荥阳以北的大海寺附近，张须陀紧跟翟让10余里，到大海寺以北的树林时，李密伏兵四起，隋军陷入重围。张须陀本来掉以轻心，再加上突如其来的强兵，使他措手不及，战败被杀，义军乘胜攻占了河南军事重镇荥阳。这次瓦岗军的胜利是对隋炀帝政权的沉重打击，也是瓦岗军发展的重要一步。

大业十三年（617年）二月，天下饥馑，隋王朝粮仓粟米山积。位于河南巩县东北的洛口仓，是隋廷的一个重要粮仓。翟让选准了这个战略目标，二月初九与李密一起亲率精兵7000人，出阳城（今河南登封东南），北逾方山（今河南登封东北），自罗口（今河南巩县西南）一举袭取洛口仓。这次袭击作战成功，瓦岗军不仅获得大批军粮救济广大饥民，壮大了队伍，而且切断了隋廷东都洛阳的重要粮食供应基地，使其失去一个有战略价值的要地。

为了夺回洛口仓，留守东都的越王杨侗命虎贲郎将刘长恭、河南讨捕大使裴仁基悄悄于十一日会师仓城南，企图歼灭义军，夺回粮仓，以稳定河南战局。瓦岗军又布阵石子河东（今河南巩县东南）和横岭（今河南巩县东），抵御裴、刘两军。先到达的刘长恭不等与裴仁基会师，立即向瓦岗军进攻，李密率兵从侧翼猛击刘长恭，隋军饥疲大败，死伤过半，刘长恭易服潜逃。裴仁基闻讯固垒自守，不敢出战，后归降瓦岗军。这一仗使得隋朝惊恐万分，瓦岗军声威远扬。

在取得这次大捷之后，翟让等推李密为主，号魏公。李密拜翟让为上柱国、司徒、东郡公。在洛口筑城而居，建立农民政权。同时，遣将四处掠地，河南诸郡相继被瓦岗军控制。四月，李密、翟让发布檄文，列举炀帝十大罪状，号召民众推翻暴君。李密亲自率兵攻打偃师（今河南偃师东）、金墉（今河南洛阳东），失利后撤回洛口。当时，隋廷东都守军多达20余万，城防十分坚固。李密率3万义军复据回洛仓，大修营堑，以逼东都；隋光禄大夫段达等出兵7万拒战，双方在回洛仓北交战，段达等败走。

大业十三年五月，为解洛阳之围，隋炀帝命监门将军庞玉等率领关内兵援救东都。是年九月，河南、山东发大水，饿殍遍野。按照徐世勣的建议，李密攻取了黎阳仓（今河南浚县西南），不到10天，就获得士兵20余万人。十月二十五日，奉命北上支援的江都通守王世充，率兵10余万向洛口瓦岗军进攻，渡过洛水，在黑石（今河南巩县西南）扎营。李密率军迎战，由于山麓地势狭窄，兵器难以发挥威力，一度失利，退保月城。后来，李密用"围魏救赵"的计策，抄袭隋军黑石大营，调隋军回转，突然攻击回救黑石的王世充主力部队，消灭隋军3000多人。十一月初九，两军相遇石子河，李密运用正面进攻和侧后袭击相结合的方法，再次重创王世充。

正当瓦岗军日益强大的时候，领导集团内部的矛盾逐渐尖锐起来。由于李密在屡次作战中所发挥的作用较大，其威望也就越来越高，于是翟让主动把领导权让给了李密。后来，翟让的哥哥翟弘以及司马王儒信等人又劝翟让夺回领导权，总领众务。这样一来，两人的矛盾日益激化。同年十一月，李密在部下的支持下设宴请翟让喝酒，并乘机将翟让杀害，种下将士互存戒心、离心离德的祸根。

义宁二年（618年）正月，王世充得到7万援军后，又在洛口仓附近，与瓦岗军展开大战。李密抓住战机，率领敢死队乘势追击，大败王世充的渡河部队。接着，又进逼东都，攻克偃师城，修筑金墉城，拥兵30万，南逼洛阳上春门，杀留守韦津。此战后，王世充龟缩在洛阳北的含嘉仓城，不敢出战。东至海、岱，南至江、淮郡县都派使者向瓦岗军表示归附，江淮一带的许多义军先后争着响应瓦岗军。瓦岗军已成为中原地区最强大的一股军事势力，这也是瓦岗军最兴盛的时期。但李密错误地估计了形势，以为只要占领东都，天下就为囊中之物。于是长期屯兵于防守严固的东都坚城之下，与隋王世充军前后交锋百余战，贻误了向其他地区发展、夺取更大胜利的机会，又极大的消耗了义军的力量。

义宁二年三月，隋右屯卫将军宇文化及等利用禁军将士思归关中的不满情绪。在江都（今江苏扬州）策动政变，缢杀隋炀帝，拥兵10余万回归长安，六月军至黎阳。在洛阳继帝位的隋皇泰主杨侗十分惊恐，采纳了内史令元文都的建议，授予李密太尉等高官厚禄，令其率瓦岗军征讨宇文化及。

李密投降隋皇泰主，使瓦岗军丧失了反隋的斗争大方向，涣散了斗志。七月，李密按照杨侗旨意，带领精兵在卫州童山（今河南浚县西南）大战宇文化及。李密被流矢射伤落马，左右奔散，追兵正要赶到的危急时刻，被部将秦叔宝救回，并组织部队稳住了败局反取小胜。宇文化及部下万余人投降，迫使宇文化及改变了行军路线，率领残部 2 万人北上。李密按皇泰主的许诺准备入朝领赏，部队行至温县（今河南温县东）时，得知王世充已在东都发动了宫廷政变，独揽大权。李密发觉自己入主洛阳的美梦被打破，只得回驻金墉城。

童山之战使瓦岗军死了很多劲卒良马，士卒疲病，李密自己也险些丧生，瓦岗军是得不偿失。九月，王世充乘瓦岗军元气大伤，尚未休整的时机，选精兵 2 万余人在初十这天主动出战。次日，兵至偃师，屯军通济渠南，作三桥于渠上，伺机与义军一决雌雄。李密主力部队集结在北邙（今洛阳市北）山，草率决定迎战。结果，被王世充伏击打败，俘降瓦岗军 10 余万人，数十位得力将佐被俘。李密逃至河阳（今河南孟县南），企图卷土重来，但部属士气不振，李密无计可施，只好率义军入关中，向唐高祖李渊投降。最后，瓦岗军将士有的归附李渊，有的投靠王世充。

翟让创建的瓦岗军，控制中原地区达 3 年之久，他们歼灭和牵制了隋王朝大量军队，割断了江都与洛阳的联系，迫使隋炀帝陷入江都孤岛，不能控制全国，在推翻隋王朝的斗争中起了重要作用，对唐朝的政治、经济具有重大影响。但被窃据着领导权的隋廷大贵族李密出卖，最后分崩离析，彻底瓦解了。

唐哀帝李柷

唐哀帝李柷（公元892～908年），初名李祚，是唐昭宗第九子，唐朝最后一个皇帝。乾宁四年（公元897年）封辉王。天祐元年，朱温弑唐昭宗，立13岁的李柷为皇太子，并命其在灵柩柩前即位，史称唐哀帝。天佑四年正月，唐哀宗被朱温逼迫下诏，将帝位禅让给朱温，奉朱温为帝。于是朱温改国号为梁，史称后梁。朱温封唐哀帝为济阴王，迁居曹州。次年，唐哀帝被朱温派来的人杀害。

衰败的大唐帝国

唐代在历唐太宗"贞观之治"、唐高宗"永徽之治"、武则天及唐玄宗的"开元之治"后，国势大增，文治武功在唐玄宗开元年间达至鼎盛状态，属史无前例的盛世。但自长达八年的"安史之乱"后，大唐帝国从此自盛而衰，一蹶不振。

●安史之乱

安禄山出身于营州杂胡，因为镇压契丹人有功而得到了唐玄宗的赏识，先后出任平卢、范阳、河东三镇节度使。长期从事民族掠夺战争的安禄山野心极大，他多次到长安，在宫廷和官场活动中，对唐政府的腐败、虚弱情况了解得很清楚，立下了起兵灭唐的决心。安禄山的同伙史思明，也是杂胡出身。他到长安奏事，博得了玄宗

的喜欢，赐名为思明。在安禄山叛乱以前，史思明官至平卢兵马使。

当叛乱的战鼓惊破唐宫的《霓裳羽衣曲》后，玄宗才匆忙布置防御。但唐朝新招来的士兵抵挡不住安禄山的劲旅，安禄山渡过黄河后，连败唐军，一路攻陷断陈留、荥阳（今河南荥阳）、洛阳，直抵潼关。公元756年，安禄山在洛阳称大燕皇帝。防守潼关的唐将哥舒翰，虽拥有近20万的军队，但因是临时凑集来的，缺乏战斗力，而玄宗和杨国忠对哥舒翰不放心，接连派宦官逼其出兵。结果，哥舒翰在灵宝被安史军打败，全军覆没，哥舒翰自己也做了俘虏。

同年六月，叛军长驱直入，攻陷唐都长安。玄宗在长安陷落前，仓皇出逃，到马嵬坡（今陕西兴平西），随行的将士发生哗变，杀了杨国忠，又迫使玄宗缢死杨贵妃。唐玄宗最后逃到成都。太子李亨逃到朔方，在灵武即帝位，史称唐肃宗。

另一方面，虽然叛军取得了一系列的胜利，但它却得不到人民的拥护，内部矛盾重重。坐镇洛阳的安禄山恣行暴虐，众叛亲离，757年初被其子安庆绪杀死。安庆绪即帝位后，史思明屯驻范阳，拥有重兵，不听调遣。

公元757年春，唐朝从陇右、河西、安西、西域等地陆续调集了10多万军队，又向回纥借兵4000人，肃宗以其子李豫为天下兵马元帅，以郭子仪为副元帅，率军一举收复长安。在此前后，河北、河南的地方官和军队也在进行着长期而激烈的战斗。既极大地打击了叛军的后方，又保障了江淮供应物资路线的安全。江汉和江淮的保全，使唐朝在经济上有所依赖，对战争结局有重大影响。

公元759年，史思明杀安庆绪，在范阳称大燕皇帝。公元762年，史思明大败李光弼率领的唐军，乘胜向长安进犯，在途中被其子史朝义杀死。史朝义在洛阳称帝后，叛军内部更加分裂，从此没

中国历朝末代皇帝

有力量再向唐朝发动进攻。

公元762年，唐宫廷发生政变，宦官李辅国杀张皇后，肃宗受惊而死。李辅国拥立太子李豫即帝位，即代宗。代宗调集各路兵马，又向回纥借到一部分军队，以其子李适为天下兵马元帅，率军收复了洛阳、河阳、郑州、汴州等失地。史朝义逃往河北，河北叛将见他大势已去，纷纷向唐朝投降。公元763年初，史朝义在唐军打击下，在慌乱中自杀了。历时7年多的安史之乱至此结束。

●藩镇割据

历史唐朝中叶以后，一部分地方军政长官据地自雄，不服从中央命令的政治局面。藩是保卫，镇指军镇。封建朝廷设置军镇，本为保卫自身安全，但发展结果往往形成对抗中央的割据势力，这是封建统治者争权夺利的本性所造成的矛盾。

唐玄宗在位时期，为防止周边各族的进犯，大量扩充防戍军镇，设立节度使，赋予军事统领、财政支配及监察管内州县的权力，共设九个节度使和一个经略使。特别是北方诸道权力的集中更为显著，经常以一个兼任两三镇节度使，安禄山就是凭借身兼范阳、平卢、河东三镇节度使而发动叛乱的。安史之乱爆发后，为了抵御叛军进攻，军镇制度扩展到了内地，最重要的州设立节度使，指挥几个州的军事；较次要的州设立防御使或团练使，以扼守军事要地。于是在今陕西、山西、河南、安徽、山东、江苏、湖北等地出现不少节度使、防御使、团练使等大小军镇。后来又扩充到全国。这些本是军事官职，但节度使又常兼所在道的观察处置使之名，观察处置使也兼都防御使或都团练使之号，都成为地方上军政长官，是州以上一级权力机构。大则节度，小则观察，构成唐代后期所谓"藩镇"，也称"方镇"。

方镇并非都是割据者，在今陕西、四川以及江淮以南的方镇绝大多数服从朝廷指挥，贡赋输纳中央，职官任免出于朝命。但是今河北地区则一直存在着名义上仍是唐朝的地方官而实际割据一方，不受朝命，不输贡赋的河北三镇；今山东、河南、湖北、山西也曾在很长一段时期内存在类似河北三镇的藩镇；还有一些倚仗自己实力对中央跋扈不驯、甚至举行叛乱的短期割据者。后代史家把这种局面统名之为"藩镇割据"。

而唐哀帝李柷就是在这样的背景下继承了帝位，再加上他碌碌无为、胆小怕事的性格而成为大唐帝国末代的傀儡。

朱温专权，哀帝亡国

哀帝当国，一切政事都由朱温决策。他即位以后甚至都没有改元，一直在使用"天佑"年号。然而，不幸的是，天不佑唐，大唐帝国近300年的基业注定要在他手里倒塌了。

作为唐朝最后的一个皇帝，唐哀帝从小颠沛流离，在腥风血雨、惶惶不安中过日子。他是唐昭宗的第九个儿子。天佑元年，唐昭宗被朱温谋杀时，朱温立13岁的辉王李柷为皇太子，当天又假传皇后的命令让太子在灵柩前即位，是为唐哀帝。他即位的那天，宫中一派恐怖气象，皇亲国戚、宫女嫔妃和大臣们为唐昭宗的惨死悲伤，但没有人敢哭出声来。

哀帝在位期间，其实没有下达过任何实际的政令。那些以他的名义下达的制敕，其实都是按照朱温的意思办理，所谓"时政出贼臣，哀帝不能制"。他名义上的上朝，也会以各种冠冕堂皇的借口停罢。哀帝能够做的就是顺乎朱温的意思，把朱温的政治地位和威望一步步提升和加固。

天佑二年（905 年）十月，敕成德军改为武顺军，下辖的藁城县改为藁平，信都为尧都，栾城为栾氏，阜城为汉阜，临城为房子，这是为了避全忠祖父朱信、父亲朱诚的名讳。朱温父、祖的名字要避讳，说明朱温已开始超越了臣下的身份。

　　哀帝一生只想过做两件事，可是最终都没能成功。一件事是天佑二年（905 年）九月以宫内出旨的名义加封他的乳母为昭仪和郡夫人。其中乳母杨氏赐号昭仪，乳母王氏封郡夫人，另外一个也姓王的乳母在昭宗时已封郡夫人，也打算准杨氏例改封为昭仪。此举被宰相提出异议，他们认为："乳母自古无封夫人赐内职的先例。后来因循此例，实在是有乖典制。当年汉顺帝封乳母宋氏为山阳君、安帝乳母王氏为野王君时，朝廷上就议论纷纷。臣等商量，当今局势下礼宜求旧，望赐杨氏为安圣君，王氏为福圣君，第二王氏为康圣君。"哀帝也只好依从。另外一件事是天佑二年（905 年）十一月，哀帝准备在十九日亲自去祭天。当时各衙门已经做好了举行祭天仪式的各项准备，宰相也到南郊坛熟悉有关的事仪。可是，朱温听到后很不高兴，认为举行祭天之礼是有意延长大唐的国运。有关主持的官员很恐惧，就借口改期使此事不了了之。

　　紧接着，哀帝被迫就将已为梁王的朱温加授相国，总百揆，又进封魏王，所担任的诸道兵马元帅、太尉、中书令、宣武、宣义、天平、护国等军节度观察处置等使的职务照旧，"入朝不趋，剑履上殿，赞拜不名，兼备九锡之命"，基本上超过了汉初相国萧何和汉末丞相曹操。朱温的身份是自两汉以来权臣篡位的重现，其地位距离九五之尊已经只有一步之遥了。

　　天佑二年（905 年）六月，朱温在亲信李振和朝廷宰相柳璨的鼓动下，将裴枢、独孤损、崔远等朝廷衣冠之流 30 多人集中到黄河边的白马驿全部杀死，投尸于河，制造了惊人的"白马之变"。李振多年参加进士科考试总是不中，对裴枢等人怀有切肤之痛。他对朱温道："这些人常自谓清流，现在投入黄河，就变成浊流了。"朱温大笑，这实际上扫除了他篡位过程中的一大障碍。朱温对读书人怀有天然的敌意，这从一件小事上可以看出。朱温曾率手下路过一棵大柳树，在树下歇脚时，他自言自语："这柳树可以做车毂。"手下无人应答，树下几个读书人模样的游客却附和他："确实可以做车毂。"谁知道朱温听完后勃然大怒，厉声说道："书生辈好顺口玩人，都是你五代十国文官俑们这个样子。做车毂要用夹榆木，岂可使用柳木！"回头对手下道："你们还等什么？"竟将附和他的几个人痛打致死。

天佑二年（905 年）十二月，朱温借故处死了枢密使蒋玄晖，又借口"玄晖私侍积善宫皇太后何氏，又与柳璨、张廷范为盟誓，求兴唐祚"，将哀帝的母后何氏杀死，并废黜为庶人。不久，宰相柳璨被贬赐死，其弟兄也被全部处死。太常卿张廷范被五马分尸，其同伙被除名赐死者若干。朱温已是生杀予夺，大权在握了。

天佑四年（907 年）三月，经过一番假意的推辞，时为天下兵马元帅、梁王的朱温接受了哀帝的"禅位"。建国号梁，改元开平，以开封为国都，史称后梁。

从此，后梁、后唐、后晋、后汉、后周，五代相继出现，中国历史进入了五代十国的混乱时期。直到公元 960 年，后周大将赵匡胤黄袍加身，建立宋朝，才结束了唐朝之后约半个世纪分裂割据的黑暗时代。

哀帝先被降为济阴王，迁于开封以北的曹州（今山东菏泽），安置在朱温亲信氏叔琮的宅第。由于太原李克用、凤翔李茂贞、西川王建等仍然奉天佑正朔，不承认他的梁朝，朱温担心各地军阀的拥立会使废帝成为身边的定时炸弹，就一不做，二不休，于天佑四年（907年）将年仅17岁的哀帝鸩杀。朱温为加谥曰"哀皇帝"，以王礼葬于济阴县定陶乡（今山东定陶县）。

■ **相关链接**

黄巢起义

黄巢（公元？～884年）唐末农民战争领袖。曹州冤句（今山东曹县西北）人。稍通书记，屡举进士不第，以贩私盐为业。家富于财，善击剑骑射。乾符二年（875年）初，王仙芝、尚让等在长垣（今河南长垣东北）发动起义，唐末农民战争爆发。五月，黄巢与同族兄弟、子侄黄揆和黄恩邺等8人募众数千响应。接着王、黄两军会合，协同作战，东攻沂州（今山东临沂）不克，就西向进攻洛阳周围地区。唐统治者急调大军夹击。王、黄乃于乾符三年十月间南趋唐州（今河南泌阳）、邓州（今河南邓县），以后又活动于今河南、湖北、安徽等地，反复冲击敌人。同年底，蕲州（今湖北蕲春东北）刺史裴偓对王仙芝进行诱降，仙芝动摇，准备接受朝廷授予的官职。黄巢指斥他说："起初我们共立大誓，横行天下，现在你独自取官降敌，广大群众应怎么办呢？"王仙芝害怕众怒，不敢接受唐朝的任命，于是与黄巢分兵作战。黄巢率军北上，攻克郓州（今山东东平北）、沂州等地。以后王、黄虽曾一度台攻宋州（今河南商丘南），不久又分兵。

乾符五年，王仙芝在黄梅（今湖北黄梅西北）战死，尚让

94

率余部奔亳州（今安徽亳县）与黄巢所部会合，推黄巢为黄王，号冲天大将军，建元王霸，署置官属。从此，黄巢成为起义军的最高领导人。两支义军会合后，势力更加壮大。黄巢再度北上，克沂、濮等州，然后沿黄河南岸西进，唐朝急调军队增援东都。黄巢知攻东都无望，于是引兵南下，渡过长江，东趋下游。在越州（今浙江绍兴）遭到镇海（今江苏镇江）节度使高骈部将张璘、梁缵的阻击，于是义军乃从浙江向南进军，开山路七百里，进入福建，攻克福州（今属福建）。黄巢在福州大力打击官僚、地主，杀了顽固不化的"处士"周朴。后率大军沿海岸南进，于六年九月攻占岭南重镇广州。经过大约两个月的休整，黄巢在这年冬又率领大军北伐，自号"义军都统"，并发表文告，宣布即将打入关中，指斥唐朝以宦官掌握朝政，纲纪紊乱，朝臣与宦官勾结，贿赂公行；还宣布义军禁令，禁止刺史广殖财产，县令犯赃者全族处斩。他所指责的都是当时极弊，深得群众拥护。义军拥众数十万，从桂州（今广西桂林）出发，乘大筏沿湘江顺流北上，攻克潭州（今湖南长沙），又下江陵（今属湖北）。原本打算乘胜进兵中原，直趋关中，但到荆门（今属湖北）与唐将领刘巨客大战，起义军大败，于是转而东进。于广明元年（880 年）五月，在信州（今江西上饶）击毙淮南（今江苏扬州北）节度使高骈的骁将张璘。七月，自采石（今安徽马鞍山西南长江东岸）飞渡长江。高骈与唐廷有矛盾，又慑于义军声威，虽拥兵十余万，但保境而已，不敢出战。黄巢渡江后门破竹之势跨越淮河，于十一月占领东都洛阳。进军途中，义军"整众而行，不剽财货"，沿途群众纷纷参加义军，众达百万。入洛阳城后，义至劳问闾民，间里晏然。黄巢北攻时，还特意转牒唐朝各镇兵将："你们各宜守垒，勿犯我兵锋。我将入东都，到京师向皇帝问罪，与你们无涉。"这些话分化了敌人营垒，所以兵行无阻。黄巢在东都并未久留，随即转旗西指，于年底突破潼关（今陕西潼关东北）天险，最后攻下了京师长安。唐僖宗和大宦官田令孜南逃成都。义军入城之日，向贫民散发财物，并由大将军尚让向群众宣布："黄王起兵，本为百姓，非如李氏不爱汝曹。汝曹但安居无恐！"

公元881年，黄巢即位于含元殿，国号大齐，改元金统。原唐朝官员，四品以下酌情留用，三品以上全部罢官。其中枢主要官员有：尚让为太尉兼中书令，赵璋为侍中；原唐官崔理和杨希古并同平章事（即宰相）；孟楷、盖洪为尚书左、右仆射，兼军客使（掌管近卫军队）；翰林学士中还有著名诗人皮日休。黄巢在长安执行严惩皇族、公卿的政策，留在长安的唐宗室几乎没有一个幸免，义军查获降官张直方夹壁中隐藏的高官显贵百余人后，全部处死。大齐政权还没收富豪的财产，号称"淘物"，宫室皆赤脚而行。次年，唐军一度攻入长安，义军暂时撤出，当夜反攻，将唐军驱逐出城。

但黄巢既未派大军追击唐僖宗，也没有首先全力歼灭分镇关中的唐朝禁军，大齐政权缺乏必要的经济政策，生产、财政均无着落，这样，敌我力量对比就逐渐发生了不利于义军的变化。关中地主坚壁清野，使大齐政权陷入严重的缺粮困境。中和二年（882年），大齐的同州（今陕西大荔）防御使朱温叛变降敌；沙陀族李克用应唐朝的乞援，率劲旅1万7千人南下；敌方军力大大增强。这时，黄巢发现困守关中已很不利，中和三年四月东撤，攻逼蔡州（今河南汝南），唐节度使秦宗权战败，投降黄巢。六月，义军开始围攻陈州（今河南淮阳）。守将赵犨顽抗，义军久攻不克，朱温和李克用又先后前来增援赵犨，于是黄巢率领起义军向北去，又遇到徐州节度使时溥的阻击，作战不利，最后退至狼虎谷（今山东莱芜西南），于六月十七日兵败自杀。

历时9年多的农民战争至此结束。不久后，唐王朝即告灭亡，历史进入五代十国时期。

宋钦宗赵桓

宋钦宗赵桓（公元1100～1156年），北宋第九代皇帝，徽宗长子，母为恭显皇后王氏。公元1125～1127年在位，谥号"顺德仁孝皇帝"，庙号"钦宗"。宣和七年（1125年）底，金兵入犯时为开封牧，受禅，在位一年零四个月。靖康元年（1126年），金兵攻汴京，军民纷纷要求抵抗，他被迫起用主战派李纲抗金，斩杀罢黜了蔡京一党；但仍答应以赔款、割太原等三镇乞降求和，并制止各路援兵前来。不久，金兵再度南下，汴京城破后。靖康二年（1127年），他与徽宗为金兵俘虏北去，北宋灭亡。

被父设计，强披龙袍

宋徽宗即位4个月后赵桓出生的，5个月后，被封为检校太尉，山东东道节度使，韩国公。翌年六月为开府仪同三司，封京兆郡王。崇宁元年（1102年）二月改名叫赵烜，八月又改名为桓。

大观二年（1108年）正月，赵桓进封定王，并开始读书了。日常功课不外《礼》、《易》、《尚书》等经典和《汉书》等史籍，再就是文章诗赋之类。他的资质虽不很鲁钝，却也算不上聪颖，一篇经文常常需要数日才能背能成诵。庆幸的是赵桓读书习作比较勤奋，待人接物谦恭有礼，慢慢地给人留下了一个聪明仁孝的好印象。

后来，赵桓的生母王皇后越来越不受宠了，大观二年九月，年仅25岁的王皇后就去世了。从此以后，年少的赵桓在缺少母爱的情况下逐渐变得沉默寡言。

政和五年（1115年），即位已16年的赵佶觉着该效法先王，立一个储君太子了，而拥立嗣长子又是古今通则，于是皇太子的名分就理所当然地落到了赵桓头上。日后，赵桓为了保住这个位置，变得更加谨小慎微。为了表明自己的恭俭谦退，在拜谒太庙之时奏请不乘金辂，不用卤簿，只常服骑马以往，还请求官吏不要对他称臣。入居东宫之后，他又奏请减少东宫的诸司局务，节约廪食。为表示自己的好学精神，他请求每天除了问安寝食之外，不拘早晚只要稍有闲暇就请学官赴厅讲读。尽管如此，赵桓的太子之位坐得还是不十分稳当。

宣和七年（1125年）冬，随着金兵的大举南侵，赵佶对赵桓的态度也变得亲热起来，十二月二十日，他降御笔拜赵桓为开封牧时，一再表明这一任命不是根据左右大臣的建议，而是自己对皇太子的信任。翌日，赵桓入朝问安时，赵佶又特意将只有皇帝才能佩戴的排方玉带赐给了他。

宣和七年十二月二十三日，宋徽宗赵佶决定将皇位禅让给他的儿子，目的在于让儿子抵挡金兵，于是下令宣召太子赵桓前来。赵桓在小黄门的引导下趋步走进保和殿东阁，叩拜礼毕，抬起头，见赵佶半卧榻上，宰执大臣环侍榻前，心中暗暗吃了一惊。太师童贯和少宰李邦彦立即抖开一领御袍披在了赵桓身上。赵桓双膝一软，跪倒在地，猛然放声大哭，坚辞不受，边哭边将御袍甩到了一边。赵佶又在纸上写道："汝不受则不孝矣。"赵桓接过一看，哽咽着说："臣若受之则不孝矣。"赵桓抬起泪眼，嗓子沙哑着说："父皇欠安，臣儿定难从命。"赵佶见僵持不下，于是命内侍扶赵桓前去福宁殿即位。一会，内侍就连拖带拉地将赵桓拥向前去。走到福宁殿的西庑门，早就等候在那里跪拜称贺的宰执大臣也上前帮忙，终于将赵桓拥到了殿内。大家本想就这样扶着赵桓升坐即位，不料赵恒身子一软，昏了过去，只好又七手八脚地将他抬到了卧榻之上。

这时，天已黑了下来，大内殿宇笼罩在一片暮霭之中。应召而来的准备参加内禅典礼的文武众官早已等候着，宰执大臣来到这里，商量再三，决定不等太子即位而先出诏书，太宰白时中朗声宣读了禅位诏书之后，百官众口一词愿见新天子，不肯退去。宰执站在殿上，不知如何是好。大宦官梁师成从后宫来到，对众人说："皇帝自拥至福宁殿，至今不省人事。"百官闻言，议论纷纷，宰执大臣面面相觑，更加没了主张。刚才赵桓在保和殿不肯受命之时，李邦彦曾建议急召赵桓素来亲熟的耿南仲进宫侍候，这时耿南仲已经来到，吴敏就拉他闯回福宁殿，一拟诏宣御医，退群臣，说是"今日天晚，别日御殿"。

次日，赵桓在经过又一次推辞之后，终于接受了百官的朝贺，当上了皇帝，次年取"日靖四方，永康兆民"二句改年号为靖康。

时战时和，毫无建树

即位之后，宋钦宗赵桓每天都临御便殿，延见群臣，批阅四方奏报和士民所上章疏，常常忙到半夜还不休息，个人生活上仍然俭约朴素，无所嗜好。但他还是只能算个有个中等才干的人，柔弱寡谋，多疑多变，缺乏政治家应有的干练、果敢的素质，明摆在眼前的事他都辨析不清，更不要谈高瞻远瞩、深谋远略了。

靖康元年（1126年）正月初二这天，宋钦宗下诏令预备亲征，命吴敏为亲征行营副使，兵部侍郎李纲、知开封府聂山为参谋官，在殿前司集结兵马。然而第二天，濬州（今河南滑县东北）失守、金兵渡河的消息传来之后，汴京城里一下子炸了窝，当天夜里，赵佶就出通津门逃往东南，一些王公大臣也纷纷收拾私财、携妻带子跟着出逃。

初四，京师戒严，天一亮，宋钦宗就在延和殿集宰执议事，大伙都建议出狩襄邓（今湖北襄樊一带），宋钦宗也基本同意。说话间，兵部侍郎李纲破例上殿，启奏道："大街上议论纷纷，说宰执欲奉陛下出狩避敌，果真这样，宗社可就危险了。道君皇帝传位陛下，今舍之而去，行吗？"内侍陈良弼说："京城橹楼创修，百不及一二，城东樊家冈一带濠河浅狭，决难防守。"李纲立即予以驳斥："天下的城池就数京城最坚固，如果京城都守不住，还有什么地方能守住？"可守与不可守，双方各执一端，弄得宋钦宗又没了主张。李纲气愤地说："陛下不以臣为庸懦，倘使治军，愿以死报！只是人微官卑，不足以镇服士卒而已。"宋钦宗当即升他为尚书右丞，然后退朝进膳，似乎接受了李纲坚守的建议。岂料刚吃完饭，宋钦宗传出话说，还得继续议论以决去留之计，同时任命李纲为东京留守。仅仅一顿饭的工夫，宋钦宗的主意又变了，显然又想出狩了。

在福宁殿继续议论的时候，李纲先声夺人，举出了唐明皇南逃川中的历史教训，说："出狩就是龙脱于渊，前途莫测。"宋钦宗还在犹豫，内侍王孝竭从旁奏道："皇后、国公（即赵谌）已经走了，陛下怎可留在此地？"宋钦宗脸色大变，从座位上跳下来，眼泪也急了出来，声音也变了调："你们不要再留了，朕将亲往陕西，起兵以复都城，决不可留此！"李纲见状，哭拜在地，以死相邀。正巧皇叔燕王赵似、越王赵偲来到，也说应该固守。在几个人的共同劝谏下，宋钦宗费了好大的工夫才静下神来，在纸上写了"可回"二字，派人追回皇后、国公，转过脸，直直地凝视着李纲说："朕今被你留下，治兵御寇，一切是你的责任，不许少有疏忽！"李纲再拜受命。

这次坚守的决定也没过夜。宋钦宗惶恐不安地熬过了白天，到半夜时分见皇后、儿子都没回来，就又变了卦，传令天明出发。初五早晨，李纲上朝，只见禁卫军披甲列队，皇帝的乘舆服御摆在院中，六宫妃嫔正待上车，已是行色匆匆的模样了。李纲厉声对士兵们说："你们愿意死守京师呢？还是愿意保驾出走？"将士一致高呼："愿意死守！"宋钦宗琢磨琢磨，觉着确实在理，只好再次打消了出走的念头。

初六，宋钦宗登上宣德门，宣谕六军，表示要固守到底。任命李纲为亲征行营使，全面负责守城事宜。将士都感泣流涕，拜伏门下，三呼万岁。

这时，金兵即将从黄河北岸渡过黄河，而京城的防御工作一切得从头做起。李纲在每一面城墙上部署守兵12000人，准备下石硇、弓弩、砖石、檑木、火油等防御器械，另外设立前、后、左、右中军4万人，前军居于东门外，守卫囤积40余万石粮食的延丰仓，后军守住樊家冈，其余三军留在城中策应四方，刚刚安排出个头绪，敌人就兵临城下了。

初七，金兵开始攻城，西水门最先告急。宋军顽强抵抗，打败金兵。次日又转攻北封丘、酸枣诸门，李纲亲临指挥，发动了东京保卫战，将士无不奋勇作战，再次重创金兵，歼敌千人，粉碎了金

人想一举攻下汴京的企图。

金兵虽攻势凌厉，优势却在宋朝一方，金兵只有6万余人，数量远不及宋的守城兵，西北边防军和各地驻军也纷纷来援，金孤军深入，又顿兵于坚城之下，实犯了兵家之大忌。然而，东京保卫战一开始，宋钦宗就派出郑望之、高世则到金营求和。金人提出割黄河为界，还要犒军金帛，另派一大臣前去议和。宋钦宗看看宰执大臣，没一个做声的，李纲挺身而出，要去谈判，宋钦宗不许，最后以枢密副使李棁奉使。宋钦宗就授权李棁可增加岁币三五万两、犒军金银三五百万两，另送金一万两及酒果等物以贿赂完颜宗望。哪知宋使到金营，完颜宗望以攻破都城相讹诈提出更为苛刻的条件。

李纲听到朝廷准备接受这些丧权辱国的条件，肺都气炸了。他竭力反对赔款割地，主张跟金人拖延谈判时间，只要各地的援兵一到，就可以反攻。宋钦宗很不耐烦地说："你只管带兵守城，和谈的事，慢慢再说吧。"

过了10天，各地救援东京的宋军陆续到了城外，共有20万人。东京守军士气振奋。围城的金兵只有6万，主帅完颜宗望一看形势不妙，赶快把人马后撤，龟缩在堡垒里。

援军大将种师道、姚平仲都支持李纲的抗战主张。种师道是个经验丰富的老将，主张长期相持，等敌人粮草接济不上被迫退兵的时候，再找机会反击；但是姚平仲心急，主张派一支人马乘黑夜偷袭金营，活捉完颜宗望。这个偷袭计谋偏偏又被泄露了出去，金军得到情报，事先作了准备。姚平仲偷袭没成功，反而中了金军伏击，损失了1000多人马。这一来，一批投降派大臣就幸灾乐祸，大肆造谣，说援军已经全军覆没，还攻击李纲闯了大祸。

想求和，但是金银不足；想应战，但劫营偷袭失败，这使宋钦宗愁眉苦脸，垂头丧气。他觉着自己被留在京城错了，未将和议进行到底而贸然用兵也错了。为弥补这过错，他将李纲、种师道撤职，寄希望于金人的宽容，并认为只有卑辞厚礼才能换来金人的宽恕。他遣使向金人表白劫营非朝廷之意，保证要严惩劫营之人，还派人带着国书和割地诏书到金营谢罪。

在宋钦宗一筹莫展、死心塌地进行议和的时候，汴京人民再次行动了起来。李纲、种师道被罢官的消息传出后，群情激奋。初五那天，以陈东为首的太学生数百人到宣德门下伏阙上书，指斥李邦彦、白时中、张邦昌等奸臣的投降罪行，要求坚持抗战，恢复李纲、种师道的官职。宋钦宗只得遣耿南仲扯起嗓子宣布重新起用李纲、种师道，并宣召他们立即进宫。宦官朱拱之宣召李纲太迟，立即被群众打死，随从的20来个宦官也死在乱拳之下。直到李纲、种师道见过众人，群众才欢呼散去。

李纲、种师道复了职，命令杀敌者受重赏，抗金气势重新高涨起来。金兵见汴京军民同仇敌忾，深感局势不妙，又怕后路被截，所以不等金帛数足，取了割让三镇的诏书，又以肃王赵枢代替康王赵构，才于二月初八日退兵。

金兵撤退时，种师道请求趁他们渡过黄河时发起猛攻，遭到宋钦宗拒绝。李纲请求派大军"护送"，令将士找机会袭击，也遭到宰相阻挠。宋钦宗还派使者监视各军，禁止他们对敌作战，以致金兵安然满载而归。

靖康之耻，北宋亡国

金兵退走以后，宋钦宗和一批大臣以为从此可以过太平日子了。他们把宋徽宗接回东京。李纲一再提醒宋钦宗要加强军备，防止金军再次进攻，可是每次提出来，总受到一些投降派大臣的阻挠。宋钦宗也嫌李纲啰唆。不料到东路的宗望刚退兵，西路的宗翰率领的金兵却不肯罢休，加紧攻打太原。宋钦宗派大将种师中带兵援救，半路上被金兵包围，种师中兵败牺牲。投降派大臣正嫌李纲留在京城碍事，就怂恿宋钦宗把李纲派到河北去指挥战争。宋钦宗把李纲派到河北后，不久又在投降派的攻击下把李纲撤了职，贬谪到南方去了。

金朝君臣最怕李纲，现在李纲被罢了官，他们就没有顾忌了。靖康元年八月，金太宗再度举兵，遣大将宗望、宗翰大举南侵。九月太原失陷；十月，真定失陷，十一月，汴京再度被包围。此时，宋朝已无主战派，当政者均为主和派。因此，从八月金兵再度南犯以来，宋朝君臣一直忙于求和，对战守防御没有一个放在心上的，所以等到金兵第二次围城，其形势比起第一次来坏得多了。

闰十一月二十五日，汴京城破。宋钦宗听到城破的消息，惊恐万分，掩面痛哭。而他马上即遣使节和济王赵栩去金军请和。使节带回话来说，金人坚请太上皇出郊议和，宋钦宗不由得紧张出一身汗来，他与父亲虽有矛盾，却毕竟碍于伦常，不得不以孝事之，倘临此危难之际让父亲身陷敌营，他觉着自己于心有愧。经过一番思想斗争，他决定还是亲自去向金人恳求吧。

闰十一月三十日黎明，宋钦宗和孙傅、陈过庭等大臣，由300名素服卫士簇拥着出南薰门向青城走去。宋钦宗来到青城，宗翰、宗望却不与他相见，理由是不同意他带来的降表。宋钦宗一连住了两晚上，到十二月初二日，才在改了4遍的降表上签了字。奴颜婢膝、低声下气地俯首称臣、乞求宽恕，这就是宋钦宗求和的初步代价。签字已毕，宋钦宗又摆下香案，望金国方向拜了几拜，算是尽了臣礼，金人这才同意放他回城。

汴京百姓自从宋钦宗去了青城，每天都站在泥雪之中等他回来。初二傍晚，宋钦宗进入南薰门，百姓夹道山呼，拜于路侧，老幼掬土填塞雪淖，须臾之间，御道坦然。不知有多少人拦住马首，泣涕不止，哭喊之声远近相闻。宋钦宗见自己的百姓对大宋皇朝如此忠诚，想想自己竟做了金国的臣子，不觉悲从中来，掩面大哭，哽咽着说："宰相误我父子！"

金人的命令宋钦宗是绝对不敢违犯的。金人遣使来索要金1000万锭（每锭50两），银2000万锭，帛1000万匹，宋钦宗就下令大力搜刮金银；金人遣使索要骡马，宋钦宗赶紧凑齐7000余匹派人送去；金人索要少女1500人，说要充后宫使唤，宋钦宗也只好照办，连自己的嫔妃也拿来充数；妃嫔、民女不甘受辱，赴水投河而死者甚众。到河北、河东割地的使臣也派出了20多个。

尽管以宋徽宗为首的北宋政府如此不顾廉耻地奉承金人，金人仍嫌所要的金银数量不足而大不满意，声称要纵兵入城洗劫，要求宋钦宗再去金营议事。宋钦宗终究不敢违抗金人的命令，只好命孙傅辅助皇太子监国，自己硬着头皮再去青城。

靖康二年（1127年）元月十日清晨，宋钦宗等人又上路了，刚出朱雀门，京城百姓闻知，不期而集了数万人拦住说："陛下不可出！"哭喊着不放行。宋钦宗也觉着有点生离死别的味道，流下了眼泪。车驾刚到郊外，张叔夜叩马谏阻，宋钦宗说："朕为了保全人民，不得不再前往。"张叔夜号泣再拜，宋钦宗回过头来，流着眼泪说了句："嵇仲（张叔夜的字）努力！"就哽咽不能出声了。

宋钦宗刚到青城就被金人当人质扣住，促令城中官吏加紧搜刮金银，百姓各分坊巷，互相监督，即使妇女的钗钏之物也在收括之列。市井寺观，妓院旅居，根刷殆遍，弄得汴京城里翻江倒海，民不聊生。

宋钦宗受到的待遇也与上次大不相同。宗望、宗翰根本不和他见面，他被安置到斋宫西庑的三间小屋内，里面除桌椅外，再就是可供睡觉的一盘土炕。宋钦宗关在里面，好似囚徒。宋钦宗自从再去青城之后，每天都派御带官王孝竭入城抚谕，百姓天天都有人立在街头等候御驾，即使风霜雨雪亦不在乎。二月六日中午，金兵掘断南薰门路，杜绝内城出入，王孝竭也没再出现，人心大恐。晚间，金人遣翰林承旨吴开、吏部尚书莫俦持着金太宗废黜宋钦宗及太上皇赵佶为庶人、别立异姓的诏书回到城内，同时还带来了宋钦宗的御笔。七日，太上皇赵佶被押到了青城，金人凭借宫廷内侍宦官邓述开列的诸王皇子皇孙及后妃公主名号，命开封尹徐秉哲悉数交出。徐秉哲下令坊巷五家为保，不得藏匿，共搜得3000余人，衣袂相连押到金营。金人又逼赵佶的皇后及皇太子前来。

四月一日，金兵在大肆掳掠之后开始撤退。宗望押着赵佶、郑皇后及亲王、皇孙、驸马、公主、嫔妃等从滑州北去。宗翰押着宋钦宗、朱皇后、太子赵湛、宗室及孙傅、张叔夜等官员由郑州道北行。金兵退走时，带走了大量的金银财宝、仪仗法物、图书典籍、古董文物、百工技艺、倡优杂伎人等，北宋王朝"二百年府库蓄积"为之一空，北宋灭亡。

相关链接

主战派李纲

李纲（公元1083～1140年），字伯纪，号梁溪先生，祖籍福建邵武，祖父一代迁居江苏无锡。北宋末、南宋初抗金名臣，民族英雄。

政和二年（1112年）进士及第。五年，任监察御史兼权殿中侍御史，不久因议论朝政过失，被罢去谏官职事。宣和元年（1119年），上疏要求朝廷注意内忧外患问题，被宋徽宗赵佶认为议论不合时宜，谪监南剑州沙县税务。

宣和七年七月，李纲被召回朝，任太常少卿。其年冬，金兵两路攻宋，完颜宗望所率东路军直逼宋都开封。

在宋廷一派慌乱情况下，李纲向宋徽宗提出了传位给太子赵桓，以号召军民抗金的建议。宋钦宗赵桓即位后，升李纲为尚书右丞，就任亲征行营使，负责开封的防御。他率领开封军民及时完成防御部署，亲自登城督战，击退金兵。金帅完颜宗望见开封难以强攻，转而施行诱降之计，宋廷弥漫了屈辱投降的气氛。李纲因坚决反对向金割地求和，被宋钦宗罢官。由于开封军民愤怒示威，迫使宋钦宗收回成命，李纲才又被起用。完颜宗望因无力攻破开封，在宋廷答应割让河北三镇之后，于靖康元年（1126年）二月撤兵。开封守卫战在李纲组织下获得胜利。

金兵撤离之后，李纲就遭到宋廷投降派的排斥和诬陷。靖康元年五月，宋廷强令李纲出任河东、河北宣抚使，驱赶他出朝。李纲就任后，宋廷又事事加以限制，使宣抚使徒具空名，无节制军队之权。李纲被迫于九月辞职，又被加上"专主战议，丧师费财"的罪名，先责建昌军（今江西南城）安置，再谪夔州（今四川奉节白帝城）。

李纲被贬不久，金兵再次两路南下围攻开封。宋钦宗在被

俘前夕又想起用李纲，任命他为资政殿大学士、领开封府事，但已无济于事。当李纲在长沙得知此命时，北宋已经灭亡。

康王赵构在南京应天府（今河南商丘）另建朝廷。为利用李纲的声望，起用他为尚书右仆射兼中书侍郎（右相）。当时，李纲正在赴开封途中，接到任命，就立即赶到南京，竭尽思虑，为高宗赵构筹划重整朝纲，组织抗金，并同高宗周围的汪伯彦、黄潜善等投降派展开尖锐斗争。他反对投降，主张"一切罢和议"，严惩张邦昌及其他为金兵效劳的宋朝官员，以励上节。为加强抗金斗争的力量，他推荐坚决抗战的老臣宗泽出任东京留守，去开封整修防御设施；又力主设置河北招抚司和河东经制司，支持两河军民的抗金斗争，并推荐张所和傅亮分别任河北招抚使、河东经制副使。他还针对北宋以来军政腐败，赏罚不明等情况，颁布了新军制二十一条，着手整顿军政，并建议在沿江、沿淮、沿河建置帅府，实行纵深防御。

李纲整顿军政的设施，有助于宋朝廷支撑局面，尚能为宋高宗所接受。然而，他主张坚决抗金及反对投降活动，却为宋高宗及汪伯彦、黄潜善所不容。因此，他们又设法驱逐李纲。首先，调李纲任尚书左仆射兼门下侍郎（左相），另委黄潜善接任右仆射兼中书侍郎，以牵制李纲。接着，又罢免张所、傅亮，撤销河北招抚司及河东经制司，蓄意破坏李纲的抗金部署，迫使李纲辞职。李纲任宰相仅75天，就被驱逐出朝，不久贬鄂州（今湖北武汉市武昌），继又流放到海南岛的万安军（今广东儋县东南）。直到建炎三年（1129年）底才获得自由。

建炎四年，李纲回到邵武居住。绍兴二年（1132年）二月至绍兴三年，任荆湖广南路宣抚使，兼知潭州（后改湖南安抚使），绍兴五年十月至七年十一月任江南西路安抚制置大使，兼知洪州。他虽然被排斥在外，但一直关心国事，一再上疏陈述政见，继续反对屈辱投降，支持岳飞抗金斗争。绍兴十年（1140 年）正月抑郁而死。

此外，李纲还是宋代著名爱国民族英雄，能诗能文，写有不少爱国篇章。也能写词，其咏史之作，形象鲜明生动，风格沉雄劲健。代表作为《六幺令》、《水调歌头》、《水龙吟》、《永遇乐》、《江城子》等。其中《六幺令》以江烟、水、云、歌、月以及玉树疏钟、古寺高楼等背景映衬词人"六代兴亡如梦，苒苒惊时月"的感古伤今之情怀和"纵使岁寒途远，此志应难夺"的坚韧不拔的操守，读来令人肃然起敬。著有《梁溪先生文集》、《靖康传信录》、《梁溪词》。

金哀宗完颜守绪

　　金哀宗完颜守绪（公元 1198～1234 年），金朝第九代皇帝，即末代皇帝。初名守礼，又名宁甲速。黑龙江一带女真族人。金宣宗第三子，母明惠皇后王氏，赐姓温敦氏。公元 1223～1234 年在位，谥号"哀宗皇帝"。他虽志大才高，卓识有为，但终因生不逢时，国破身死，成为金朝皇帝中令人扼腕的悲剧人物。

临危受命，励精图治

　　完颜守绪生于章宗承安三年（1198 年）八月二十三日。其母亲与姨妈共同事奉宣宗，母亲为妃，姨妈为王后，因王后无子，于是收宁甲速为养子。

　　卫绍王泰和年间，宁甲速被授金紫光禄大夫。宣宗登极之后，晋封为遂王，并任秘书监，后改为枢密使，总揽全国军政。宁甲速性情宽和、仁慈，喜好读书，学识也很渊博，古今治乱战争之事，谈起来滔滔不绝。他才华横溢，写得一手好文章，因而深得宣宗的偏爱，在皇太子守忠和太孙完颜铿相继夭折后，宁甲速便被立为皇太子，并赐名为守绪，意思是让完颜守绪能在金朝风雨飘摇中，保住祖宗的基业。

　　元光二年（1223 年）十二月的一天，宣宗病危。入夜时分，近臣们都纷纷退去，隆德殿内只有前朝资明夫人郑氏在宣宗身边伺候。郑氏年老，比较可靠，宣宗感到自己已经不行了，便把郑氏招到身旁，用微弱的声音断断续续地说："赶快去将太子叫来主持后事。"说完便溘然长逝了。当天夜里，皇后和庞贵妃到皇帝的寝室问安。庞贵妃为人阴险狡诈，她的儿子守纯比守绪年长，但没被立为太子，庞氏因此积怨在心，常常闷闷不乐。郑氏深知内情，怕她趁宣宗崩逝的时机策动变乱，便说："皇帝正在更衣，请皇后、贵妃先到那边房间去稍事歇息吧。"皇后、贵妃二人不知是计，信以为真，等她们二人走进房间，郑氏赶忙将房门反锁上，并立即召集大臣传达皇上遗诏立太子为皇帝。

等太子守绪入宫的时候，英王守纯早已赶到，他对守绪继位很不服气。隆德殿上剑拔弩张，气氛相当紧张。这时，太子守绪当机立断，命令枢密院官及东宫亲卫军3万人屯于东华门街，另派四名护卫人员将守纯监禁在近侍局中。一切安排妥后，这才打开房门将皇后、贵妃二人放出来为宣宗发丧。太子完颜守绪便在宣宗的灵柩前奉遗诏即皇帝位，第二年（1124年）改年号为正大。

金哀宗完颜守绪即位的时候，金国处在内外交困之时。北边，蒙古成吉思汗的铁骑早已踏遍太行山，饮马黄河。南边，重开与南宋的战事，遇到南宋军民的顽强抵抗，金朝陷入了宋蒙南北夹击的困境之中。在金国内部，各地反抗金朝统治的起义不断发生。

面对如此局面，金哀宗却没有因此消沉怯懦，坐等灭亡，而是临危不乱，锐志不丧，励精图治，企图挽救垂危的金朝。他首先从整顿纲纪入手。即位后，立即下诏，大赦天下，强调严明法纪，要求各级官吏按国家定制秉公办事，对那些有法不依、徇私情而破坏法纪、使无辜之人枉遭刑罚的贪官酷吏，将以故意陷害他人的罪名

严加追究。

有一次，内族人王家努无故杀死鲜于主簿，金哀宗得知此事后非常气愤，他说："英王是我哥哥，他无故鞭打哪一个人了吗？我作为一国之君，敢随便杀害一个无罪的人了吗？现在正值国家衰弱的时刻，能有多少生灵啊？而你却依仗皇家权势随便杀死一个主簿，真是无法无天了！"他下令将王家努斩首。

金哀宗认为，要治理好国家，除严明法纪之外，还必须广开言路，鼓励官民为国家大事献计献策。他在诏书中说："上自文武官吏，下至黎民百姓，允许你们对国家军政大事的利弊发表意见，只管直言不讳，不必有任何顾虑，哪怕是讥讽当朝、一无可取之处也不要紧，决不会因此定罪的。"

正大元年（1224年）正月的一天，文武百官集于隆德殿内，正在举行盛大的典礼和宴会。殿外有一男子，身穿麻布，望着承天门大笑一阵，又大哭一场。有人问他为什么又哭又笑，他说："我笑，是笑朝中将相无人。我哭，是哭全国行将灭亡了！"禁卫听了，当场将这人拿下，上奏皇帝，请求处置。隆德殿内群臣义愤，有人主张将此人处死，金哀宗坚持说："不能这样做。最近朕诏告于天下，令全国百姓直言军国利害，即使是讥讪之辞，也不坐罚。若有什么话，让他说完；若没有的话，就让他走了罢。"法司只得以殿门不是哭笑的场所，将那人重杖一顿，赶走了事。这件事一传开，人们看到皇上说话算数，真正不以言论治罪，上书议国事、提建议的人日益多了起来。

当时朝中有两大奸臣，分别是蒲察合住和庞古华山，他们为政苛刻，利用手中权力营私舞弊，敲诈勒索，专横跋扈，朝野上下一片怨恨。金哀宗顺应民意，首先将这两个奸臣逐出京城，不久又将他们处死。消息传出，士大夫弹冠相庆，百姓无不称快。以此为契机，金哀宗大力整顿吏治，一面斥退一批贪官污吏、无用之辈，一面任用一批抗蒙有功的将帅，分掌军政，组成一个以自己为中心的坚强领导核心。

金哀宗清楚地看到，刚刚崛起的蒙古汗国是金国最危险的敌人，为了救亡图存，必须集中全力抗蒙。然而，自宣宗重开与南宋之间的战争后，金朝陷入了腹背受敌的不利境地。为了改变这种局面，金哀宗决定立即停止侵宋的战争，集中兵力抵抗强敌蒙古。

另一方面，西夏这时名义上还是臣属金国，也遭到蒙古军队的侵扰。金哀宗认为有必要同西夏联合起来，以加强与蒙古抗衡的力量。于是，他派使臣与西夏谈判。正大二年（1225 年）九月，双方议和互不侵扰。

调整好外交格局以后，金哀宗先后派兵与蒙古军队作战。正大三年（1226 年），他派兵进攻山西，经过一年的战斗，先后收复平阳、太原等重镇，斩蒙古守将多人，取得一定的胜利。金哀宗下令为在抗蒙战斗中牺牲的将士建造褒忠庙，以示纪念。

公元 1127 年，西夏灭亡。蒙军解除了后顾之忧，便长驱入陕，金哀宗在汴京（今河南开封）加紧募民为军，扩充实力，准备抗击蒙军。金朝任命深得金哀宗的赏识和重用，立志以身许国的杨沃衍为泾、邠、陇三州节度使，他说："为人不为国家社稷献身，而为私家小事去死，不算大丈夫。"他来往于泾、邠、陇三州之间，鼓舞士气，安定民心，指挥作战，并亲自带领主力军迎战，多次战胜蒙古军，使蒙古军队不能前进。正在这时，成吉思汗在甘肃清水县军中病逝，蒙古军队被迫撤退，汴京的危机暂时算是解除了。

力挽狂澜

正大六年（1229 年）八月，成吉思汗的第三个儿子窝阔台继承蒙古汗位后，进一步加紧了对金朝的侵略掠夺。金朝抗蒙斗争的形势更加艰苦了。

正大八年（1231 年）五月，蒙古军决定兵分三路，由窝阔台、斡陈那颜和拖雷率领，计划在次年春季分三路大军合围汴京灭金。九日，蒙古军三路齐发，窝阔台率中军兵临河中府（今山西运城蒲州镇），拖雷军过凤翔（今陕西凤翔）南下。

金哀宗急忙召集诸将商议抗蒙救亡的对策。枢密判官白华主张调陕西兵守河中，他说："与其到汉水去防御，不如直接往河中，黄河一日可渡。倘作战顺利，蒙古军去襄、汉地的军马必当迟疑不进，我们可以利用北方作战机会，使南方掣肘。"完颜合达从陕西上奏，也同意枢密判官白华的主张。可是移剌蒲阿却有不同的看法，他说："如果金军北渡，蒙古兵必将放我们过河，然后断我归路，与之决战，这样对我们十分不利的。"金哀宗不能决断，所议无结果。最终完颜合达、移剌蒲阿两军仍往陕西，只派一支军马声援河中府。不久，窝阔台果然猛攻河中府，守城金兵及援兵拼死守城，血战数月，十二月初，终于力尽城破。

这时，拖雷率领的右路军 4 万人马，破宝鸡、大散关（今陕西宝鸡西南），进入宋朝的境内，攻入饶峰关（今山西石泉西）。由金州东下，直指汴京。金国大将完颜合达、移剌蒲阿于正大九年（1232 年）正月初二，率骑兵 2 万、步兵 13 万自邓州出发，赶赴汴京。张惠、高英、陈和尚等随行，又在途中与杨沃衍、武仙军会合。金军一路作战，不断遭到蒙军的袭击，不得休息，军粮也不足，行至黄榆店（今河南禹县西南）时，遇上大雪不能前进，就地扎营。这时，完颜合达又接到金哀宗的圣旨，命令两省军全部赴京师，然后出战，合达、蒲阿立即启行。蒙古军且战且退，至三峰山，天又下起了大雪，金军沿途作战，极度疲劳，甚至三日未食。天寒地冻，军士披甲胄僵立雪中，枪槊结冻如椽。蒙古军却是燃薪煮肉，轮番休息，有意放开一条去钧州（今河南禹县）的路，放金军北走，然后出伏兵夹击，金军大败。张惠、樊泽、高英等将领战死，武仙率三十骑逃入竹林，移剌蒲阿率军北走，被蒙军追上俘获，押送到官山，蒙古军对他多次劝降，蒲阿说："我是金国大臣，只当为金国一死。"最后不屈被杀。

完颜合达与完颜陈和尚率领部分残兵败于钧州。被蒙古一军团团围住，合达战死，陈和尚被擒，拒不跪拜，蒙古军用刀砍断他膝胫，他仍从容地说："我就是忠孝军总领完颜陈和尚。大昌原战胜你们的是我，卫州战胜你们的是我，倒回谷战胜你们的也是我。我死在乱军中，别人可能会认为我有负国家，今天我死也要死个明明白白，天下必定有了解我的人。"蒙古兵又砍下他的足胫，割他的嘴，直到耳边，完颜陈和尚宁死不屈，英勇就义，年仅41岁。

杨沃衍的部下呆刘胜降蒙后，被派遣来劝降杨沃衍。杨沃衍愤怒地说："我出身卑微，蒙皇上之大恩，今天你要来玷污我吗？"说着，他拔剑杀死呆刘胜，然后向汴京方向哭拜，说："皇上大恩，无以图报，今日战败，无面目再见朝廷，只有一死报之了。"说完拔剑自刎，壮烈殉国。

钧州三峰山一战，金国主要将领大部牺牲，主力溃败，金朝大势已去。蒙古军则乘胜进军汴京，汴京危急。这时，金哀宗召完颜白撒还朝，任平章政事，主持军政大事。但是完颜白撒贪怯无能，

刚愎自用。当蒙古兵长驱汴京时，他不组织抗战，却派人率众万余开短堤，决河水阻挡敌兵。结果蒙古兵赶到，大加杀戮，修河丁壮逃回不足两三百人。

汴京被围困，城中十分空虚，只有不足 4 万兵力。金哀宗一面加紧战备，一面加紧向蒙古求和。蒙古军派使者持国书前来招降，完颜守绪无奈，封荆王守纯（即英王完颜守纯）的儿子讹可为曹王，到蒙古军营做人质。蒙古军留下 3 万人，由速不台指挥继续围攻汴京，其余的撤军北还。汴京城外蒙军沿城壕设列木栅，用薪草填壕。

白撒等主帅以正在议和为由，不准出兵。城中军民义愤填膺，要求出战，在城中喧呼。金哀宗亲自出端门安慰军士，有士兵五六十人一齐跪在金哀宗面前，对金哀宗说："蒙古军背土填壕已过一半了，平章不准放一箭，说怕坏了和议，如此下去，汴京将难保，请与蒙军决一死战。"金哀宗说："等曹王到北国，蒙古兵若仍不退，你们再死战也不迟。"众人伏地哭泣说："事情已经万分紧迫，皇帝不要只盼望讲和。"千户刘寿拽住金哀宗的马缰，说："皇帝不要相信贼臣呀，只有将他们剪除干净，才能退敌兵。"卫士们听了要打刘寿，金哀宗制止，说："他喝醉了酒，不要理他。"

经过一番充分的准备，蒙古军向汴京城发动了猛烈的进攻。汴京军民与蒙古兵奋战 16 昼夜，保卫了汴京城。金哀宗又派人去蒙古军营求和，速不台见此城久攻不能下，便说："既然已在讲和，还互相攻击什么呢？"然后领兵退去。金哀宗亲自登端门赏赐军士，并改年号开兴为"天兴"。

经过蒙军长期围困，汴京已成为内无粮草、外无救兵的一座孤城，又失去宝贵的民心，实在难以维持了。

汴京失陷

天兴元年（1232 年）七月，蒙古再派使臣唐庆前来招降，要求金哀宗去帝号称臣，守城军士一怒之下杀掉了唐庆等人，蒙、金之间的和议局面彻底破产了。

十二月，金哀宗急召群臣商议对策。左司郎中白华献计："现在耕地已废，粮食将尽，四外援兵也没有指望。圣主可出就外兵，留皇兄荆王守纯在汴京监国，由他裁处，圣主既出，遣使告诉蒙古，说我外出不是收笼军马，只因军卒擅杀唐庆，和议断绝，现在把汴京交付荆王，我只求一二州养老而已。这样，皇后皇族可以保存，圣主可以宽心了。"金哀宗听了觉得在理，于是决定出奔汝州。

十二月二十五日，金哀宗与皇太后、皇后、诸妃告别，彼此十分伤心，此时一别不知今生能否相见，真可谓生离死别。当军队行至公主苑时，太后手捧米肉一一犒赏军士。留守汴京的军士也都纷纷要求出城去汝州大战一场。金哀宗深情地对他们说，"你们不要以为不让你们进军汝州就没有功劳了，社稷宗庙都在这里，你们要保护好不出差错，此功非小，将来军赏岂能在参战将士之下？"军士们听了，纷纷落下泪来。

正当金哀宗一行准备西行汝州的时候，巩昌元帅呼沙呼自金昌赶到，对金哀宗说："京西 300 里之间无井灶，不可前往。"金哀宗便又决定东行，几日后，到达黄陵冈。完颜守绪召集群臣议于黄陵冈（今山东曹县西南），白撒仍主张去归德（今河南商丘），金哀宗也表示同意，元帅蒲察官奴又来奏报，说卫州有粮，可以屯驻。

正月初四日，金哀宗仍命白撒督军攻卫州，右丞相完颜仲德拽住金哀宗的马缰，苦谏道："存亡在此一举，卫州决不可攻。"金哀

118

宗听不进去，仍命白撒督军向卫州进发，无奈卫州城池坚固，金军缺少攻城器械，围攻三日不下。此时蒙古援兵赶到，金兵闻讯撤退，蒙古兵紧追不舍，在卫州城东的白公庙展开一场激战，金兵大败。白撒弃军逃跑，元帅刘益、上党公张开在逃跑的途中被百姓所杀，另一部分军队投降蒙古。白撒逃到蒲城东30里的魏楼村，找到金哀宗，告诉金哀宗卫州溃败的消息，请金哀宗赶快去归德。金哀宗在深夜四更匆忙乘船逃往归德，连侍卫都还不知道。第二天，金军得知金哀宗已逃走，纷纷溃散，白撒收得残兵败将2万人到归德。金哀宗将此次攻卫州失败的罪责归于白撒，将其下狱，白撒7日不食而亡。

卫州战败的消息传到汴京，引起一片骚动。此时的汴京城内外交困，老百姓没有粮食吃，很多人饿死了，有的人甚至以自己的老婆孩子为食。速不台的蒙军又不断来攻。卫州兵败，人们更失去信心，看到金朝行将灭亡，更加不安。留守汴京的西面元帅崔立在其党羽韩铎、药安国等人的协助下乘机发动政变，将他的私党都封以重要官职。他们杀掉留守汴京的参知政事兼副枢密使完颜奴申及其他官员，然后占据汴京城，投降蒙古。接着，速不台进汴京。四月，速不台杀掉荆王完颜守纯、梁王完颜从恪，将后妃们送回蒙古。天兴二年（1233年）正月，蒙古军进克汴京，汴京陷落，金朝失去了国都，抗蒙斗争的形势变得更加严峻了。

天兴二年（1233年）正月，金哀宗来到归德，河北溃败的军队也相继来附。

当时，蒙古将军特默岱率军来攻归德，元帅蒲察官奴建议金哀宗到海州（今江苏连云港），金哀宗不从。后来官奴又请率军北渡，被归德知府兼总帅石盏女鲁欢阻止，金哀宗也不赞成，从此，官奴产生二心，放任他的军队四处剽掠，不加禁止。为此，左丞李蹊、左右司郎中张天纲、近侍局副使李大节等人都说官奴有谋反的迹象，金哀宗不信，仍让大家放心不要多疑，说："官奴起于卑微，朕如此提拔信用于他，想必他不会辜负我的。"但金哀宗也多少有些担心，便私下里派人暗中监视官奴。这件事被官奴知道后，更加速了他的叛离活动。

三月的一天，金哀宗考虑到官奴与马用不合，恐怕他们相互攻击造成内乱，便设下酒宴为二人劝和。马用撤走了自己的亲卫，不一会儿，官奴乘机率军攻击马用，马用败走，最后被官奴杀掉。接着，官奴派50名士兵包围行宫，将所有的朝中大臣都聚集在都水摩和纳的住宅，派兵监管起来。又将参政女鲁欢赶回家中，搜尽他所有的金银财宝，然后将其杀死。接着，官奴又派都尉马实披甲执刃到皇帝面前，劫杀皇帝的侍卫直长把纳申，金哀宗见马实进来，将手中的宝剑掷于地下，对马实说："去告诉元帅，我左右只剩下把纳申一人了，就留下他侍候我吧。"马实无奈，只得退出。官奴杀朝官李蹊等300余人，乱杀军民达3000有余，还有的大臣在变乱中投水自尽。

日暮时分，官奴带兵进宫见金哀宗，反诬说，女鲁欢谋反，被他杀掉了。金哀宗无奈，只好答应，下诏授官奴为枢密副使兼参知政事，总揽军政大权。官奴将金哀宗软禁于照碧堂，不准他见朝臣。金哀宗思前想后，不禁悲从中来，哀叹道："自古没有不亡之国，不死之君，只恨我用人不当，反被这奴才所囚禁。"说完，泪如雨下。

后来，金哀宗召见官奴，说准备到蔡州去，官奴不答应，愤愤而出，甚至扼腕顿足。金哀宗见此情景，心想："官奴根本不把我放在眼中，心怀叵测，若不及早除掉他，恐怕还要受他的害。"金哀宗决心要寻机杀掉官奴。同时，内侍局令宋齐诺、温卓等人早就对官奴变乱不满，也在密谋除掉官奴。

六月的一天，金哀宗与宋齐诺设下计谋，派人召宰相议事，令温卓埋伏在照碧堂门间，伺机刺杀官奴。一会儿，官奴来见金哀宗。金哀宗见他走进门来，便起身招呼一声"参政"，官奴刚要应声，温卓从门边闪出，一刀刺进官奴的肋间，金哀宗顺势拔出宝剑，向官奴砍去，官奴受了重伤，慌忙夺路跳下台阶，正想逃走，两名内侍紧紧迫上，将其杀死。

官奴伏诛，金哀宗又下令杀掉官奴的几个亲信，赦免了忠孝军，接着金哀宗决计迁蔡，留元帅王璧守归德。

哀宗自缢，金国灭亡

蔡州地处淮水支脉汝水上，与宋朝接壤。当初，金哀宗听说蔡州城池坚固，兵多粮广，才决意到这里来。可实情并非如此，蔡州无险可守，又面临着宋朝的威胁，形势非常不利。金哀宗入蔡州以后，任用完颜仲德主持军政，修缮器甲，整顿军纪，严明赏罚，企图重整军威。金哀宗看到蔡州守御困难，打算休整一番之后，率军西征，向宋朝的四川扩展地盘。但是，此时的宋朝已与蒙古商定，联合灭金。

八月，宋军围攻唐州的战斗就已打响了。唐州的战斗打得十分艰苦，金守将乌古论黑汉一面坚守，一面派使求援，但援兵被宋军打败逃回，城中又没有粮食，黑汉及军士只得杀妻子作军粮。部下经不起熬煎，打开西门降宋，黑汉率众与宋军展开激烈巷战，最后战败被俘，不屈就死。

金哀宗见宋朝助蒙古攻金，且已攻下唐州，深感形势不妙，便急忙派遣皇族阿古岱去宋朝修好借粮。他让阿古岱对宋朝人说："我自即位以后，立即下令边将不准犯南界。每当边臣生事，我都责罚他们。蒙古人灭国四十，接着就进攻西夏；西夏灭亡了接着就来攻我金朝；一旦我金朝灭亡了，必然立即进攻宋朝。唇亡齿寒，这是自然之理。宋朝若能与我联合抗蒙，既有利于金朝，也有利于宋朝。"但是，宋朝仍拒绝和议。

蒙宋继续夹击金朝，蒙军由塔察儿率领，宋军由孟珙率领分道向蔡州攻来。九月，兵临蔡州城下，蔡州危急。

九月九重阳之日，金哀宗拜天，告谕群臣："国家自开创以来，养育你们100多年。当今国家处在危难之中，你们与我同患难，可谓忠矣。现在蒙古兵将到，正是你们立功报国的好机会，纵为国家社稷而死，不失为忠孝之鬼。以前你们常常为朝廷不了解你们而焦虑，今日临敌，我可是亲眼看着，你们努力吧。"说完，金哀宗将一杯杯酒浆亲手赐予群臣诸将。大家满含着热泪接过酒浆，一饮而尽。正在这时，有人飞马来报："敌人数百骑兵已到城下。"金军将士踊跃请战，金哀宗许之。接着，分军防守四面及子城。蒙古兵攻城不下，筑起长围，准备长期围困蔡州。

十一月，宋将江海、孟珙率兵万人及粮食30万石助元攻蔡。宋、蒙会师，力量更加强大。孟珙从俘虏那里得知，蔡州城中粮尽，金哀宗曾放城内饥民老弱出城，又给饥民以船到城壕采水草充饥。便加紧围城，防止金军突围；又派人决开柴潭，将水放入汝水。柴潭在蔡州城南三里处，是蔡州城的一个天然屏障，宋兵决潭放水后，用薪草加土填平，从潭上行军攻城。蒙古兵也决了维江。宋兵从南面进攻，蒙古军肖乃台、史天泽部从北面进攻，东、西两面由蒙古兵包围，不断发起进攻。

十九日，蒙军攻破西城，金将完颜仲德在城中筑栅竣壕，阻挡蒙兵前进，又选 300 精锐，昼夜抗御。金哀宗自知蔡州将不守，国运已去，他对身边的侍卫说："我做了 10 年金紫光禄大夫，做了 10 年太子，做了 10 年皇帝，我自认为没什么大的过错恶行，死了也没什么遗憾的。只恨祖宗传了 100 多年的金国到我这里结束了，落得与那些荒淫暴乱之主同为亡国之君，这是唯一令人耿耿于怀的。"又说："自古以来，没有不亡之国，亡国之君往往被人囚执，在阶下受辱，朕必不至于此，你们等着看吧。"二十四日晚，金哀宗扮作平民百姓，趁夜色夹杂在数百兵士中，出东城企图逃跑，逃到城东栅界附近，与蒙军遭遇，战不能胜，被迫退回。

蔡州被围 3 个月，城中粮尽。金哀宗下令杀 50 匹厩马、150 匹官马赏给将士食用。又将自己用的器皿赐予将士们。

天兴三年（1234 年）正月元旦，蒙军在城外会饮鼓吹，金哀宗命近侍分守四城，各级官吏都出供军役。初九日，蒙军在西城凿通五门，大军涌入城中，与完颜仲德督军展开激烈巷战，直到傍晚，蒙古兵暂退。夜晚，金哀宗召集百官，传帝位给皇族承麟。第二天早晨，承麟受诏即皇帝位。正在行礼，宋蒙联军已经攻进城来，君臣只得草草收场，出去迎战。不一会儿，宋军攻下南城，蒙军攻破西城，激烈的巷战从黎明一直持续到近午。

金哀宗见败局已定，十分绝望，就在幽兰轩中自缢而死，后葬汝水上，谥号"哀宗皇帝"。承麟也在混战中被杀，尸体不知去处。至此，金国也随之灭亡。

西　夏

　　西夏是党项族建立的封建王朝。其统治范围大致在今宁夏、甘肃、新疆、青海、内蒙古以及陕西的部分地区，其疆域方圆数千里，东尽黄河，西至玉门，南界萧关（今宁夏同心南），北控大漠，幅员辽阔。

　　西夏处西凉地区，是游牧民族，经济并不发达。西夏经济的来源是靠侵占宋的土地而成的。西夏在太祖（李继迁）时期占领了宋的灵州（今宁夏灵武市）和兴庆（今宁夏银川）等地，又向西占领了凉州（今甘肃武威）和瓜州（今甘肃安西）等地。这些地区丰饶五谷，可以种植蔬菜、水果和粮食等。党项人在这片广阔的农田里耕作，学会了先进的农业生产技术，促进西夏经济的发展。并且，西夏长期与汉人杂居，农业技术也达到很高水平。

　　党项族原来主要从事畜牧业和狩猎，通过学习汉族先进的农业生产技术，农业经济得到迅速的发展。到西夏建国时，农业生产已成为西夏社会经济的主要部门。西夏建国后，景宗李元昊更加重视农业生产的发展，大力兴修水利工程，并亲自主持修筑了从今青铜峡至平罗的灌渠，世称"昊王渠"或"李王渠"。以后，兴庆府、灵州一带，一直是西夏粮食生产的主要基地。在发展农业的同时，西夏统治者也较重视畜牧业生产。国家专门设立群牧司负责畜牧业的管理。西夏的畜牧地区主要分布在横山以北和河西走廊地带，牧养的牲畜以羊、马、驼、牛为主，还有驴、骡、猪等。由于农、牧业的发展，社会生产力的迅速提高，西夏的手工业生产和商业贸易也随之迅速发展起来。西夏的冶炼、采盐制盐、砖瓦、陶瓷、纺织、造纸、印刷、酿造、金银木器制作等手工业生产也都具有一定的规模和水平。

西夏本来没有瓷器，瓷器靠掠夺宋人来获得。庆历四年（1044年），宋夏庆历和议以后，西夏与汉族人民交流日益频繁，同时学会了制瓷技术。西夏毅宗时期，西夏开始兴建瓷窑，开始生产自己的瓷器，发展制瓷业。西夏的制瓷中心位于"塞上江南"银川平原。其瓷器既吸收中原地区的优点，也有本民族淳厚朴实等特点，形成了独具一格的西夏瓷器，并远销到海外。

西夏崇宗、仁宗时期，西夏经济大大的发展，农业、商业、手工业逐渐发达起来，四面八方的物品会集到兴庆，进入了西夏经济最鼎盛的时期。

西夏的统治民族党项族本是游牧民族，佛教东传甘肃以后，西夏内部开始创造独有的佛教艺术文化。今内蒙古自治区鄂托克旗的百眼窑石窟寺，是西夏佛教壁画艺术的宝库。在额济纳旗黑城、绿城子中发现的西夏文佛经、释迦佛塔、彩塑观音像等，是荒漠的重大发现。

提到西夏，不得不提到敦煌莫高窟。大庆二年（1036年），西夏消灭瓜州、沙州的归义军政权，开始统辖敦煌地区。此时西夏将自己的民族特色融入莫高窟中，使其更加增添了几分光辉。从景宗到仁宗，西夏皇帝多次下令整修莫高窟。当时莫高窟涂绿油漆，接受了几分中原文化，还有一些维吾尔、吐鲁番风格。西夏将自己强悍的民族精神和别具一格的文化也让这座佛教建筑显得更加光辉灿烂。

此外，表现西夏文化的还有西夏文，又称蕃书。西夏设立蕃字院和汉字院，使西夏民族意识增强，百姓"通蕃汉字"，文化也增加了许多。

西夏还设立蕃学和太学。

关于西夏的历史根源可以一直追踪到唐初。这个时候党项族开始强大起来。其中拓跋赤辞投降唐，被赐姓李，迁其族人至庆州（今宁夏回族自治区内），封为平西公，从此定居在此。唐末党项部首领拓跋思恭平定黄巢起义有功，再次被赐姓李。从此，拓跋思恭及其李姓后代以夏国公成为当地的藩镇势力。

宋初，赵匡胤削藩镇的兵权，引起李氏的不满。虽然他们一开始服从宋的命令，但两者之间的矛盾不断加剧。公元1032年，李德明之子李元昊继夏国公位，开始积极准备脱离宋。他首先弃李姓，自称嵬名氏。第二年以避父讳为名改宋明道年号为显道。开始了西夏自己的年号。在其后几年内他建宫殿，立文武班，规定官民服侍，定兵制，立军名，创造自己的民族文字（西夏文）。公元1038年10月11日，李元昊称帝，建国号大夏。又因其在西方，宋人称之为"西夏"。

西夏末期，朝政长期处于内乱之中，政敌和宗党间的斗争激烈。蒙古汗国建立后，几次征讨西夏，经过长期的抗争，西夏于末帝宝义二年（公元1227年）被蒙古所灭。

附:

西夏历代皇帝

景宗李元昊（公元 1003～1048 年）1038 年称帝，在位 11 年。父李德明，西平王。李元昊袭位后，与 1038 年称帝，国号大夏，史称西夏。他接受宋的先进文化，由根据党项的民族特点确立了一套政治军事制度。李元昊与辽、宋之间进行了一些战争，取得胜利，形成宋、辽、夏鼎立局面。晚年，肆意诛杀，纵情享乐，强夺太子宁凌噶妻为后，被宁凌噶杀死。

毅宗昭英皇帝李谅祚（公元 1047～1067 年）1048 年即位，在位 20 年，景宗长子。即位时才 1 岁，由其母掌握朝政。亲政后，实行改革，使西夏进一步汉化。他连年对宋用兵，攻掠临近的州县。先后收降吐蕃首领瞎毡的儿子木征和青唐吐蕃部。后注意修好与辽、宋关系。于 1067 年病死。

惠宗康靖皇帝李秉常（公元 1060～1086 年）1067 年即位，在位 20 年。毅宗长子，即位时 8 岁。

崇宗圣文皇帝李乾顺（公元 1084～1139 年）1086 年即位，在位 54 年，惠宗长子，即位时 3 岁。亲政后，采取联辽抗宋的策略，辽被金灭后，又联金抗宋。

仁宗圣德皇帝李仁孝（公元 1124～1193 年）1139 年即位，在位 55 年，崇宗长子。仁宗指定《新法》，确立封建土地所有制。确立科举制，尊崇儒学，大修孔庙及尊奉孔子为文宣帝，封建制在西夏确立了。仁宗时是西夏的鼎盛时期。

桓宗昭简皇帝李纯佑（公元 1177～1206 年）1193 年即位，在位 13 年，仁宗长子。以附金和宋为国策。1205 年，铁木真开始进军西夏，1206年，桓宗暴卒，时年30岁。

襄宗敬穆皇帝李安全（公元1169～1211年）1206年即位，在位6年。崇宗孙，仁宗侄，父李仁友。在位6年，被齐王李遵顼废除，同年逝世。

神宗英文皇帝李遵顼（公元1162～1226年）1211年即位，在位13年，齐王李彦宗子，博览群书，1203年西夏状元，后统领西夏军事，1211年，废襄宗自立。他是以状元当皇帝，在历史上是无前例的。后与蒙古、宋战争屡败，1223年，神宗退位，死于1226年，时年65岁。

献宗李德旺（公元1181～1226年）1223年即位，在位4年。神宗次子。即位后，抗拒蒙古。1226年，成吉思汗攻西夏，西夏连失数城，献宗惊死，时年46岁。

夏末帝李睍（？～1227年）1226年即位，在位1年。献宗侄。即位仅后1年，西夏被蒙古所亡，末帝投降被杀。西夏亡。

元顺帝妥懽贴睦尔

元顺帝妥懽贴睦尔（公元 1320 ~ 1370 年），元朝第十五代皇帝，即末代皇帝。元明宗长子，母为罕禄鲁氏迈来迪。公元 1333 ~ 1368 年在位，谥号"顺帝"，庙号"惠宗"。文宗时，先后被迁高丽和静江（今广西桂林）。其弟宁宗死后即位。在位期间，先后有伯颜、脱脱等大臣把持朝政，至正十年（1350 年）实行变钞，次年大举修治黄河，社会矛盾激化，爆发了全国性的农民大起义。1368 年，明军攻克大都（今北京），他北走应昌（今内蒙古克什克腾旗西达来诺尔附近），元朝灭亡。

登上帝位，为父报仇

妥懽贴睦尔生出于延祐七年（1320 年）四月，是元明宗和世㻋的长子。他的母亲罕禄鲁氏是边陲阿尔厮兰部族首领的女儿，元明宗狩边时为了取得当地部族的支持，娶了罕禄鲁氏，在北方的边陲生了妥懽贴睦尔。宫廷中传闻妥欢帖睦尔并不是元明宗的亲生儿子。据说是元明宗正妻八不沙传言。因此妥懽贴睦尔的童年时代，几经劫难，备受冷遇。他还没长到懂事的年龄，母亲就撒手人世。9 岁那年，叔父图帖睦尔毒死他父亲，篡夺了皇位，并以妥懽贴睦尔不是明宗的亲生儿子为借口，将他放逐到高丽（今朝鲜）的一个叫大青岛的海岛上，一年后，又移居广西静江（今广西桂林）。

图帖睦尔晚年，对弑兄夺位一事深感懊悔。至顺三年（1332年）八月，图帖睦尔临终嘱咐众人，皇位由明宗之子继承。图帖睦尔死后，皇后卜答失里和权臣燕铁木儿控制了朝中大权，二人经过周密策划，决定拥立明宗年仅7岁的二儿子懿璘质班继承皇位，谁知不久后这位小皇帝就一命呜呼了，皇位再度虚悬，卜答失里临时摄政。

燕铁木儿请卜答失里立她自己的儿子燕帖古思为帝，卜答里失觉得这样做违背了丈夫遗诏，担心招致朝野不满，她主张拥立妥懽贴睦尔登位，并遣使去桂林迎接妥懽贴睦尔回京。妥懽贴睦尔见到来使，立即启程北上。到京后，燕铁木儿使用各种伎俩，一再拖延时日，使妥懽贴睦尔迟迟不能登上皇位。几个月后，燕铁木儿死，妥懽贴睦尔才在卜答失里和大臣们的拥戴下，于至顺四年（1333年）六月即皇帝位，这就是元顺帝。

元顺帝妥懽贴睦尔即位时，蒙古统治已走向衰亡，前人留给他的是一个破烂的摊子。然而，年幼的皇帝根本不问国事，只知同女子游玩嬉戏。这样，朝中大权全由伯颜和燕铁木儿两大家族所垄断。

伯颜自恃功高权重，毫无顾忌，又向蒙古诸王下了毒手。当时，蒙哥的后裔彻彻秃受封为郯王，伯颜的先祖是蒙哥家中的奴隶，按照蒙古传统，伯颜一家应该世代尊蒙哥后裔为使长。伯颜觉得这是自家的奇耻大辱，于是，他在元顺帝面前诬陷彻彻秃谋反，请求将他处死，元顺帝不允，伯颜竟擅自行刑，致使彻彻秃蒙冤而死。元顺帝对伯颜的所作所为日益不满，却奈何不了他。

正当元顺帝郁郁寡欢、愁苦难耐时，伯颜的亲侄子脱脱出现了，脱脱自幼在伯颜家生活，伯颜视他为自己的亲生儿子。脱脱曾率领精兵剿捕唐其势及其同党，荣立军功。至元元年（1335年），元顺帝任命脱脱为御史中丞，至元四年（1338年）又提升他为御史大夫。脱脱见伯父越来越专横跋扈，担心他盛极而败，贻害自己，就对父亲马札儿台说："伯父骄纵太过分了，万一天子震怒，我们一家可就完蛋了，不如先想办法除掉他。"马札儿台赞成儿子的主意。脱脱又把自己的想法告诉了他幼年时的老师吴直方，征求他的意见。吴直方对他说："古书上有所谓大义灭亲，大臣只知道忠于国家，别的可以不管。"

于是，脱脱向元顺帝表明自己的忠心，立志辅助皇帝清除伯颜。起初，元顺帝对脱脱的行动表示怀疑，不敢轻举妄动，他暗中让阿鲁、世杰班与脱脱频繁接触，察看他的言行。证明脱脱确实可靠后，才解除了自己的疑心。脱脱得到皇帝的信任之后，便开始付诸行动，与伯父抗争。

至元六年（1340年）二月初的一天，伯颜邀请元顺帝出游打猎，一向好动的元顺帝心存戒心，托词身体不适，不能前去，伯颜就邀了太子燕铁古思出猎柳林（今北京西南郊）。顺帝的心腹、伯颜侄子脱脱见时机成熟，急忙与阿鲁、世杰班商讨对策，秘密派人去柳林接太子回京，二月十五日，下令封锁京师城门。当晚，元顺帝召集大臣，草拟诏书，驱逐伯颜，贬他为河南行省左丞相，当夜遣使急赴柳林宣诏。第二天，伯颜派人到京师城下询问事由，脱脱站在城上宣读圣旨："随从伯颜者一概无罪，可以即刻解散，各还本卫所，犯罪的只是伯颜一人。"伯颜又请求入城向元顺帝辞行，使者不许，对他说："皇帝有令，命丞相立即动身，不必辞行。"伯颜无可奈何，只得俯首听命。伯颜南下经过真定（今河北正定县）时，当地父老向他敬献觞酒。伯颜问父老说："你们见过儿子（指脱脱）杀父亲吗？"父老说："儿子杀父亲没见过，只见过臣子杀君长。"

暗指伯颜谋杀郯王一事。伯颜听了，心中十分惭愧。一个月后，伯颜病死在途中。与伯颜过往甚密的皇太后卜答失里也没能幸免。元顺帝又听说叔父图帖睦尔在位时公开说他不是明宗的亲生儿子，立即追究父亲被毒死一案，下诏撤除文宗庙主，将卜答失里削去后号，贬居东安州（今河北安次县），太子燕铁古思流放高丽，中途遇害。至此，元顺帝终算报了杀父之仇。

权臣当政，风雨飘摇

铲除伯颜后，元顺帝封马札儿台为太师和中书右丞相，脱脱知枢密喇事，总领诸卫亲军，脱脱的弟弟也先帖木儿为御史大夫，马札儿台父子总揽军政大权。这时，正宫皇后伯颜忽都所生两岁的儿子不幸夭折，二皇后奇氏生下一子，取名爱猷识里达腊，深得元顺帝喜爱，后被立为皇太子。

马札儿台做了中书右丞相后，自恃辅佐皇帝铲除伯颜有功，私自在京城附近开酒馆、糟坊，派人去南方贩卖食盐。脱脱恐遭非议，祸及自身，暗中让人向元顺帝告了一状，上任仅半年的马札儿台被迫辞职。至元六年（1340 年）三月，元顺帝任命脱脱为中书右丞相。元顺帝即位后，先是建元"元统"（1333～1334 年），后改用忽必烈的年号"至元"（1335～1340 年），习惯上称为"后至元"。1341 年，元顺帝改元"至正"，决定任用脱脱进行改革，废除伯颜旧政，重振祖宗大业，大有恢复元朝盛世的壮志雄心，史称"更化"。

至正元年（1341 年），元顺帝恢复了中断六年的科举取士制度，亲试进士 78 人，以笼络汉族士大夫，同时大兴国子监，选名儒雅士传授儒学。他下诏将 4 个素有声望的儒士欧阳玄、李好文、黄酒、许有壬召进宫内，让他们 5 日进讲一次，帮助他读四书五经，练习书法。为了表达对儒学正统思想的尊崇，至正二年（1342 年），元顺帝派人到曲阜祭祀孔庙。第二年，下诏编修辽、金、宋三史，命脱脱为都总监官，许多汉人文士参加了编纂，达成了元顺帝新政中"文治"的重要内容。

元顺帝起用脱脱，把一切大权交付与他，自以为高枕无忧。为了笼络人心，他对贵族、官僚滥行赏赐，挥霍无度，造成国库入不敷出。与此同时，黄河连年发生水患，脱脱先后提出"变钞"和"开河"的建议，岂知在社会矛盾日益尖锐的情况下，"变钞"和"开河"成了元末农民起义的导火线。

至正十一年（1351 年）五月，治河民工韩山童、刘福通发动起义，推举韩山童为明王，以红巾为号。起义军一举攻占颍州（今安徽阜阳），揭开了轰轰烈烈的元末农民大起义的序幕。

高邮之战后，溃散的元军中有不少人投靠了红巾军。元朝政府军队一蹶不振，元顺帝不得不改变排汉政策，鼓励和依靠豪强地主武装去镇压农民起义。他廉价地授予地主武装头目以万户、千户等官衔，这样，相继出现了几支靠镇压农民起义发迹的地主武装，其中最主要的是答失八都鲁和察罕帖木儿两股势力。

在此期间，元顺帝起用搠思监为中书右丞相，汉人太平（原名贺惟一）为左丞相，他自己则不问政事，整天与嫔妃嬉游宫中。他选了 16 个宫女，称为"十六天魔"，让她们歌舞，昼夜不分。二皇后奇氏实在看不下去，再三恳求他爱惜身体，不要受天魔舞女迷惑，停止土木兴建。元顺帝勃然大怒，高声喊道："古今只我一人而已！"此后日益疏远奇氏，奇氏见自己失宠，转而拉拢朝中大臣，暗中招纳不少高丽美女，送给他们，以争得外援。

奇氏与皇太子爱猷识里达腊，见政局动荡，元顺帝听任朝臣倾轧，便加紧行动步伐，打算联合太平逼迫元顺帝禅让帝位给太子爱猷识里达腊，太平不同意。奇氏又召太平到宫中宴饮，再次提起前请，太平严词拒绝。因此奇氏与皇太子十分憎恨太平。至正十九年（1359 年）十二月，爱猷识里达腊命令监察御史买住等人劾奏太后提拔的汉人官员中书左丞成遵和参政赵中，将二人杖杀狱中，借此中伤太平。太平见势不可留，只得上奏元顺帝，以患病为由，请求辞去相位，大臣们立即呼吁，要求皇帝留用太平，元顺帝慑于奇氏和皇太子咄咄逼人之势，被迫罢免太平。由于得不到支持，爱猷识里达腊逼父禅位未能如愿。

至正二十三年（1363 年），爱猷识里达腊与母亲奇氏加紧了策划逼父禅位的阴谋，掌握大权的搠思监和朴不花则密切配合，拉拢朝中大臣，将军政大事全都压下不让妥懽贴睦尔闻知。至正二十四年（1364 年）三月，爱猷识里达腊、搠思监、朴不花指责孛罗帖木儿与老的沙图谋不轨，要求皇帝驱逐孛罗帖木儿。孤立无援的元顺帝不得不听命于皇太子，下诏削除孛罗帖木儿兵权和官爵，贬居四川。宗王不颜帖木儿、秃坚帖木儿愤愤不平，起而与孛罗帖木儿联合，并上书元顺帝，为孛罗帖木儿申辩。元顺帝感到孛罗帖木儿忠于自己，是他与皇太子一方抗衡的重要砝码，于是复下诏书，历数搠思监、朴不花恣意弄权、欺下蒙上等罪状，将搠思监流放岭北，朴不花流放甘肃，恢复孛罗帖木儿官职。然而，此时皇太子一方的势力已跃居元顺帝之上，所以，诏书虽下，搠思监、朴不花二人权未解，职未卸，照常在朝中掌权。至正二十三年（1363 年）四月，元顺帝再次屈从于皇太子，下诏命扩廓帖木儿统兵进讨孛罗帖木儿。

一个月后，爱猷识里达腊返回京城，再次下令扩廓帖木儿进讨孛罗帖木儿。扩廓帖木儿分兵三路，一路由部将白琐住率领，开赴京城御守，另外二路军队进逼孛罗帖木儿驻守的大同（今属山西省）。孛罗帖木儿怒杀搠思监、朴不花二人，留下一部分军队守卫大同，他自己则带着秃坚帖木儿、老的沙，率领主力大军直捣大都（今北京市），扬言要尽除朝中奸臣。京城大震，爱猷识里达腊亲自率领军队迎战，结果大败而回，在白琐住军队的护卫下匆匆逃往太原扩廓帖木儿军中。孛罗帖木儿拥兵入城，偕同秃坚帖木儿、老的沙面见元顺帝。元顺帝当即任命孛罗帖木儿为中书左丞相，老的沙为中书平章政事，秃坚贴木儿为御史大夫。不久，又提升孛罗帖木儿为中书右丞相，节制天下军马，总揽国家大权。孛罗帖木儿上任后，立即杀了元顺帝宠幸的"倚纳"和近臣，驱逐西藏僧人，幽禁奇氏。

至正二十五年（1365年）三月，爱猷识里达腊下令扩廓帖木儿与李思齐出兵声讨，并调遣岭北、甘肃、辽阳、陕西等地军队增援。孛罗帖木儿派遣秃坚帖木儿率兵进讨上都皇太子同党，又调兵南下抵御扩廓帖木儿军队。这个时候，孛罗帖木儿荒淫无度，在数月之内，共纳40多女子为妾，整天与老的沙等人饮酒作乐，甚至酗酒杀人。朝臣都对他心怀恐惧，元顺帝渐渐失去了对他的信任。朝中倾轧、军阀混战以爱猷识里达腊和扩廓帖木儿的胜利而告一段落，步步退却的元顺帝仅仅保住了皇帝宝座。

顺帝逃跑，元朝灭亡

在这期间，朱元璋的队伍迅速崛起，直接威胁着元朝控制下的北方地区。朱元璋先后剪除群雄，声威大震，决定派兵北伐，消灭元朝。

这时，元朝内部宫廷斗争更甚。爱猷识里达腊逃奔太原（今属山西省）时，曾想仿效唐肃宗在灵武称帝的故事，自立为帝，扩廓帖木儿不同意。孛罗帖木儿被杀后，奇氏传旨到军中，命令扩廓帖木儿以重兵扈从皇太子入京，目的在于胁迫元顺帝退位。奇氏再次劝扩廓帖木儿出面逼使妥懽贴睦尔让位与皇太子，扩廓帖木儿又予以拒绝，由此得罪了奇氏母子。元顺帝本与扩廓帖木儿不和，又忌他兵权太重，朝中大臣也觉得他年纪轻、资历浅，不把他放在眼里。在军中骄纵惯了的扩廓帖木儿做了两个月的左丞相，很不得志，在京城实在呆不下去了，只好上奏元顺帝，请求外出带兵。至正十五年（1365 年）闰十月，元顺帝封扩廓帖木儿为河南王，命他代皇太子总制天下军马，进讨江淮。

扩廓帖木儿率大军离开大都后，不仅无意整军出战，反而借元顺帝授予他的军事大权，随意征调各路军队，引起军阀头目不满。元顺帝开始怀疑他有叛逆之心。

至正二十七年（1367 年）八月，元顺帝严厉责备皇后与皇太子，他说："过去孛罗帖木儿举兵进犯京师，而今扩廓帖木儿总兵天下，很不得利，你们母子误了我的天下。现在国家分崩离析，困难重重，都是你们母子造成的。"说完，元顺帝怒气冲冲地打了爱猷识里达腊几拳。尔后，元顺帝下诏命皇太子总制天下兵马，并令扩廓帖木儿率领本军自潼关以东出兵江淮，李思齐自凤翔以西进取四川，张良弼、孔兴、脱列伯共取襄樊。但诏书虽下，皇太子坐视不动，扩廓帖木儿及诸路军阀也都拒命不受。扩廓帖木儿的部将貊高、关保见主帅不奉君命，只顾打内战，倒向朝廷一边，转过头来攻打扩廓帖木儿，得到元顺帝的支持。

至正二十八年（1368 年）正月，朱元璋在南京称帝，建国号为明。二月，徐达率军攻占山东各地，接着回师河南，兵锋直指汴梁、洛阳。而元朝军阀内战仍在继续。这年闰七月，元顺帝见局势不妙，心中十分害怕，只好再恢复扩廓帖木儿河南王和中书左丞相的职务，让他率军南下，幻想依靠他挽回败局。这时，明军已经会师山东临清，直趋大都。

至正二十八年（1368 年）闰七月二十八日，徐达率领明军攻陷通州，元顺帝闻知，不顾大臣们的再三劝请，决意出逃。当晚，妥懽贴睦尔率同后妃、太子和一些大臣，打开健德门逃出大都，经居庸关（今北京昌平市北），奔向上都（今内蒙古锡林郭勒盟正蓝旗）。八月二日，徐达率军攻入大都，至此，统治了 97 年的元朝政权宣告结束。

■ **相关链接**

红巾军起义

元朝末年，爆发了以红巾军为主力的农民武装起义，各地红巾军为推翻元朝统治进行了大规模的起义战争。

元朝后期，以蒙古贵族为主的统治阶级，对各族特别是汉族人民的掠夺和奴役十分残酷。他们疯狂地兼并土地，把广阔的良田变为牧场，如大臣伯彦得赏赐土地就达 2 万顷。大地主"广占土地，驱役佃户"，农民失去土地了赖以生存的土地，被迫沦为奴婢。官府横征暴敛，苛捐杂税名目繁多，全国税额比元初增加 20 倍。

元朝统治者挥霍无度，到处搜罗民间美女，天天供佛炼丹。政府财政入不敷出，滥发货币，祸国殃民。加上黄河连年失修，多次决口，出现了"饿死已满路，生者与鬼邻"的悲惨局面。反抗的烈火在人民心中燃起。

1351年，元朝政府强征农民15万人挖黄河河道。监督挖河的官吏乘机克扣河工"食钱"。河工挨饿受冻，群情激奋。在这种情况下，刘福通遂利用白莲教和弥勒教暗暗串通穷人。刘福通派了几百名教徒作民夫，在工地传布"石人一只眼，挑动黄河天下反"的歌谣，暗中凿了个一只眼睛的石头人埋在工地。民工挖出后，反抗的烈火顿时燃起。

刘福通，颍州（今安徽阜阳）人，与白莲教另一首领、河北永年人韩山童一直在北方地区秘密传教，宣传"明王出世"、"弥勒佛下生"，以吸引群众。石人挖出，时机成熟。在韩山童、刘福通领导下，3000人在颍州颍上县白鹿庄准备起义，因事前泄密，遭到敌人包围，韩山童牺牲。刘福通突围后把起义群众组织起来。起义者一鼓作气占领颍（今安徽阜阳）、罗山（今河南罗山县）、上蔡（今河南上蔡县）、真阳（今河南正阳县）、确山（今河南确山县）等地。

因起义军头裹红巾，故称"红巾军"，又因其烧香聚众，也称"香军"。红巾军所到之处，开仓散米，赈济贫农，深得人民拥护，群众纷纷加入，红巾军队伍迅速扩大到几十万人。在红巾军的影响下，全国各地农民纷起响应。人数较多的有蕲水（今湖北浠水）的徐寿辉部、萧县（今安徽萧县西北）的芝麻李部、南阳的布王三部、荆樊的孟海马部、濠州（今安徽凤阳东）的郭子兴部等。

为推翻元朝的反动统治，起义军提出以"明"斗"暗"（"明"指起义军；"暗"指元朝统治）的口号，鼓舞群众向封建官府作斗争。1355 年，刘福通率军攻下亳州（今安徽亳县），立韩林儿为"小明王"，国号"大宋"，年号"龙凤"，建立了农民革命政权。

1357 年，刘福通分兵三路北伐。东路由毛贵率领，经山东、河北攻入大都；中路由关先生、破头潘等率领，攻向山西、河北一带，经大同直捣元上都，放火烧毁"富夸塞北"的蒙古皇宫，继续转战辽东各地；西路由大刀敖、白不信、李喜喜率领，直趋关中，攻下兴元（今陕西南郑县）、凤翔（今陕西凤翔县），转战四川、甘肃、宁夏各地。农民起义军节节胜利，出现"官府四散躲"、"红军府上坐"的大好形势。

三路大军转战各地的同时，刘福通率部于 1358 年五月又攻克汴梁，定为国都。在红巾军沉重的打击下，元王朝危在旦夕，其统治者如热锅里的蚂蚁，惊慌失措，先派遣的回军、汉军溃败后，又派脱脱的弟弟御史大夫也先帖木耳带兵镇压，结果又大败而归，军资兵器几乎丢光。元朝统治者搜罗一切反动力量，孤注一掷，从各处向红巾军扑来。红巾军英勇抗击官兵和地主武装的进逼。但是，由于兵力分散，三路大军流动作战，没有巩固的根据地，又缺乏周密的作战计划，往往使所占之地得而复失。另一方面，正当红巾军与元朝军队进行殊死斗争的关键时刻，义军领袖刘福通遇难，中原地区的红巾军被地主武装镇压下去。1363 年，红巾军建立的韩宋政权结束了。

而在南方，朱元璋的起义军发展迅速。朱元璋出身于贫苦农民家庭，原是郭子兴红巾军部左副元帅，后独树旗帜，背叛农民军，成为地主阶级的代理人。1368 年正月，朱元璋在南京称帝，建元洪武，国号大明。元王朝在各地农民军打击下终于灭亡了。

元末红巾军农民起义在我国战争史上占有重要地位。以红巾军为主力的农民起义军在广大劳动百姓的支持下，分路出击，快速推进，奋力攻杀，先扫外围后攻坚城，大量歼灭元军有生力量，加速了元朝的灭亡。特别是刘福通等领导的北方红巾军横扫中国北部的广大地区，沉重地打击了元朝政权的腐朽统治，为最后推翻元王朝奠定了基础。他们前后坚持斗争13年，经过"大小数百战"，波及大半个中国，显示出农民革命战争的巨大威力，在中国历史上写下了光辉的一页。

明思宗朱由检

　　明思宗朱由检（公元 1611～1644年），明兴宗第五子，公元 1627～1644年在位。1622 年，朱由检被册封为信王。1627 年，明熹宗朱由校病故，由于没有子嗣，传位于弟弟朱由检，次年改年号"崇祯"。即位后杀魏忠贤，罢黜阉党，励精图治，很想有所作为；但随即信任另一批宦官，冤杀抗击后金的将领袁崇焕。刚愎自用，动辄更易将相。在位期间，农民起义纷起，势如燎原。崇祯十七年（1644 年），李自成率领起义军攻克北京，明思宗朱由检在煤山（今北京景山）自缢，明朝灭亡。

登上皇位，铲除"客魏集团"

　　明天启七年（1627 年）八月二十二日下午，大明帝国的第十五位君主、年仅 23 岁的熹宗朱由校卧病两个月后死去了。不久人们看到，一队仪仗由司礼监秉笔太监涂文辅带领出了宫门直奔信王府。不多时，便拥簇着一个 17 岁的青年，在一片暮色中踏进紫禁城登上皇位，他就是思宗朱由检。

　　朱由检对天命的降临是有些思想准备的。他的父亲虽然生了 5

个儿子，但长大成人的只有朱由校和他两个。朱由校嫔妃成群，却无子嗣。这样，皇位的唯一继承人就是朱由检了。

朱由检虽然只有 17 岁，但他比他的哥哥要成熟得多，这与他的身世有很大的关系，朱由检的母亲是一个平民的女儿，入宫后为光宗选侍。朱由检出生后，父亲就对母亲不好，朱由检 4 岁的时候，母亲便死了。朱由检的记忆中丝毫没有留下母亲的印象，这使他非常痛苦。

母亲死后，朱由检被李选侍抚养长大。李选侍不为光宗所喜爱，始终没有生育，她将朱由检视如己出，把全部精力都放在了他身上。待朱由检长大后，将其生母的事情告诉了他，朱由检十分尊敬李选侍。童年的不幸使朱由检早熟，作为一个王子，他在宫中时也曾与哥哥一起玩耍。哥哥的骄傲、任性，朱由检是非常清楚的。哥哥乳母客氏和宦官魏忠贤的擅权乱政，朱由检也都看在了眼里，记在了心里。

朱由检被迎进了文华殿，一些德高望重的贵族、朝廷要员及顺天府尹率领文武百官和军民耆老来到文华殿朝见新君，并恭上《劝进表》。朱由检懂得要表示逊让，直到《劝进表》上书了 3 次，他才表示顺从天下臣民所请，即皇帝之位。随后内阁提出了 4 个年号，供他选择，这四个年号是"乾圣"、"兴福"、"咸嘉"、"崇祯"。由检沉吟了一下说："乾圣，乾为天，圣字我可不敢当。兴福，中兴固然好，我怕是不能胜任，咸嘉，咸字右边有一'戈'，现在当务之急是息止干戈，还是不用为好，就用崇祯吧。"

朱由检从他哥哥手中接下来的是一个烂摊子，一个只保留着强大躯壳的腐朽政权，满目疮痍、百废待兴。面对这样的现状，究竟应从何做起？其实，朱由检心里早已有打算，第一个应当解决的是

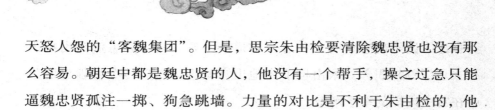

天怒人怨的"客魏集团"。但是，思宗朱由检要清除魏忠贤也没有那么容易。朝廷中都是魏忠贤的人，他没有一个帮手，操之过急只能逼魏忠贤孤注一掷、狗急跳墙。力量的对比是不利于朱由检的，他要谨慎地、耐心地等待时机。

思宗即位后，客魏集团也很恐慌。魏忠贤提出辞去东厂职务来试探朱由检的态度，朱由检没有批准。随后，客氏提出出宫，朱由检马上表示同意。第二天，天还未明，客氏素服到朱由校的灵前将她保存的朱由校的胎发、指甲焚化，痛哭一场，离开了紫禁城，住进朱由校赐给她的府第里。魏忠贤的主要爪牙王体乾、李永贞照样得到朱由检的信任，恩赏照样给予他们。只不过，从信王府出来的太监徐应元、曹化淳比魏忠贤更加得宠。

朝廷大臣中那些魏忠贤党羽也心神不定，他们预感到形势将要变化，许多聪明人开始寻找退路。魏党的分化使形势开始明朗。魏党首恶分子杨维垣上书弹劾同党崔呈秀专权乱政，魏忠贤是听信了崔呈秀，被他所误。崔呈秀慌了，要求回归原籍守孝，朱由检不放他走。接着，杨维垣再劾崔呈秀通内，连累了魏忠贤，并颂扬魏忠贤一心为公，矢忠体国。杨维垣疏中还弹劾了其他几个魏党人物，朱由检继续保持沉默。

与此同时，独立于魏党之外的下级官员也行动了起来。工部主事陆澄源参劾崔呈秀，涉及魏忠贤建造生祠问题。朱由检薄责陆澄源越位擅言，但心里高兴，于是将崔呈秀放归。兵部主事钱元愨直接弹劾魏忠贤，言词激烈，天下震动。海盐贡生钱嘉徵上疏，将魏忠贤罪行列为十项：一曰并帝，二曰蔑后，三曰弄兵，四曰无君，五曰无圣，六曰趄剥藩封，七曰滥爵，八曰盈民，九曰掩边功，十曰通关节，呼吁将魏忠贤明正典刑，以泄天下之愤。朱由检拿这本奏章让人读给魏忠贤听，魏忠贤知道事不好，马上以患病为由提出辞去东厂首领职务。朱由检下令他出宫调理，随后传令将魏忠贤集中在宫中内操的军士解散。

解散了内操，驱逐了客、魏，朱由检开始放手大干，他首先点了几个魏党首要分子的名，下令吏部调查崔呈秀等人的罪行。同时，撤回各镇监军太监。然后，朱由检发布上谕，公布了魏忠贤的罪行，宣布本应将魏忠贤寸磔以谢天下，念先帝还未出殡，姑且安置于凤阳。客、魏二犯家产籍没，冒封的爵位革除，子孙等一律充军，同时也将徐应元赶出宫去做凤阳祖陵司香。

朱由检以魏忠贤离京带了许多人和车辆为由，令兵部差人将魏忠贤押解往凤阳。魏忠贤一行走到阜城县，闻知了朱由检的命令，知道末日到了，魏忠贤当晚上畏罪自杀，结束了他罪大恶极的一生。崔呈秀在蓟州家中听到魏忠贤的死信也自缢身死。天启七年十一月七日，客氏被押往浣衣局打死。随后，客、魏两家子孙后人等皆被斩首。朱由检在剪除"客魏集团"的斗争中大获全胜，为大明帝国清除了最大的隐患，显示了他不可低估的行政才能。

魏忠贤除掉了，但把持朝政的魏党羽翼势力仍然庞大。当时，内阁、六部、各院寺首脑都是魏的死党，身居要职的大臣都与魏忠贤有瓜葛。杨所修、杨维垣、安伸、贾继春等人以弹劾魏忠贤的功臣自居，上蹿下跳，他们的目的就是保护同党，使朱由检不再追究他们，从而达到维护现状、继续压抑东林党人的目的。

朱由检深知，魏忠贤如果没有朝廷中这些寡廉鲜耻之徒的帮助是不会造成这么严重的危害的。因此，他不会放过他们，让他们继续把持朝政。十一月，他下令逮捕了魏忠贤的主要爪牙"五虎"和"五彪"，交法司议罪。从十二月到崇祯元年（1628年）五月，朱由检亲自主持选拔了 4 批共 132 个给事中、御史。这些新进言官除个别人依附魏忠贤外，其余都是与魏党毫无关联的人。他们以清除魏党为己任，言路渐趋清明，从而使朱由检了解到了更多的真实情况。对被魏忠贤害死、削夺的官员，该平反的平反，该起用的起用。

内忧外患，惨淡经营

解决了"客魏集团"，思宗首先将全部精力都投入到治理国政中去。这时的明王朝像一个垂死的老人，四肢麻痹、行动不便、指挥失灵。国家的财政经过魏忠贤时期的破坏已濒临绝境。每年固定的财政收入不能如数收缴国库，各地都有拖欠，而国家用项却越来越多。一是军费开支，当时与 30 年前相比增加 3 倍多，如果满足军方需要，就要用掉年收入的 97%。二是皇室费用、百官俸禄都成倍增加。由此造成年年入不敷出、寅吃卯粮的现状。天启以来，全国灾荒不断，大量人口逃亡，土地荒芜，社会动荡，这已在许多有识之士中间引起了深深的恐慌。尤其是陕西，连年大旱，赤地千里，已经传来了人吃人的消息。陕西已经成了一个火药桶，随时都可能爆发。在东北，建州女真自万历末年起兵发难，建立了后金政权，目前已经羽翼丰满，不断侵掠明朝边境。明朝将大量兵力、财力抛到辽东，而辽东局势根本没有缓和。这些问题使思宗心乱如麻。为了尽快使帝国起死回生，登基后，他只得夜以继日地工作。

自天启七年八月始，一道诏谕传遍天下。思宗罢除了为皇室服务的织造、烧造、采办等一切不急之役，与民休息。停止了皇宫的一切土木营造，削减自己和后妃们的吃用开支。撤回了各地的镇守太监，严禁宦官干政，严禁官僚结交太监。向边镇发去银两，安定军心。戒谕官僚结党，建立完备的监察制度。明令提高政府的工作效率。下诏免除了许多受灾地方的赋税。这一道道诏令又重新在帝国臣民心中唤起了希望。

对外，思宗把解决"辽事"即后金问题作为继位后要办的大事之一，这一方面有恢复故土、重振帝国雄风的意义，另一方面可以尽快结束战争状态，节约大量军费，解决国家财政困难。

自即位后，朱由检积极地物色能担负这一重任的重臣。朝廷许多大员推荐了前任辽东巡抚袁崇焕。对袁崇焕，朱由检是有所耳闻的。袁崇焕天启年间久镇辽东，熟知敌我情势、山川险易，胸有韬略，屡建大功，由下吏而渐升至巡抚。天启七年（1627年）的宁锦之役，他固守宁远，挫败了努尔哈赤的凶锋，在崩溃的边缘挽回了整个辽东战局。但他在举国如狂为魏忠贤建生祠的热潮中不随流俗，被太监告到魏忠贤那里，魏忠贤很不高兴。为了国家，为了辽东，袁崇焕最后还是屈服了，但他留给魏忠贤的印象却改变不了多少。宁锦大捷使朝中高官显宦、太监阉党都得一一加官晋级，封爵加荫，而袁崇焕仅仅是加了一级。在这种情况下，袁崇焕只得请求解甲归田，回到广东老家。粉碎魏党之后，东林党许多人因袁崇焕有颂美活动将他看做阉党。虽然侥幸未入逆案，东林人私下却称为漏网小人。朱由检权衡了一番，决心不顾东林党人的反对，起用袁崇焕。任命他为兵部尚书兼右副都御史督师蓟辽兼督登莱天津军务，实际上将整个对后金的防务交给了他。崇祯元年（1628年）七月，袁崇焕从广东赶回北京。十四日，朱由检在建极殿东面的高台上（俗称平台）召见了他。

朱由检看着这个黑瘦精干的中年人，对他忠心为国、长途赶来表示赞赏。袁崇焕非常激动，他表示："我受皇帝陛下特殊眷顾，刻骨铭心。倘若假我以便宜，我五年便可恢复全辽疆土。"朱由检很是高兴，说："你能五年复辽，朕决不吝惜封侯之赏。"

袁崇焕出关后，整顿兵马，修缮城池，使山海关一线的防务稳定下来，清帝皇太极一看在山海关无机可乘，决定从别处入关，一来骚扰内地，二来找机会设计除掉袁崇焕这一危险的对手。

崇祯二年（1629 年）十月，秋高马肥之时，后金十数万精兵分道由龙井关、大安口入犯，连下遵化等名城。山海关总兵赵率教回师救援，全军覆没。正在宁远的袁崇焕闻讯兼程回救，屯于通州。但金兵绕开袁崇焕，直扑北京。

面对气势汹汹的金兵，京师守卫显得更加薄弱，朱由检心中忐忑不安，直到听到袁崇焕率大军赶来的消息才放心。他任命大将满桂为武经略，总理各镇援兵，保卫京师。满桂与袁崇焕分别屯兵在安定门和广渠门，打败了敌人的数次进攻，朱由检为此召见了袁崇焕，慰劳袁崇焕，并解下自己的貂裘赐给他，袁部下将领皆得到赏赐。袁崇焕向朱由检表示一定要尽快赶走敌人。十一月底，东便门之战，袁崇焕大破金兵，自己的兵力也损失过半，又因补给不及时，袁兵疲劳已极，要求入城稍做休整。就在这时，情况突变，朱由检中了皇太极的反间计。

十二月一日，崇祯帝下令逮捕了袁崇焕，袁部在城外遂大溃，后为孙承宗收抚，孙承宗接替袁崇焕的职务。十二月中旬满桂战死，孙承宗督率各镇援兵力战克敌，解了京师之围。后金兵在畿内大肆抢掠，到次年四五月间，金兵才退出关外。

后金兵退后，朱由检愈感袁崇焕有负他的厚望，怒气难消，于是下令将袁崇焕凌迟处死，从而自毁了长城。

镇压起义

明末农民起义军自天启中期大规模爆发后，规模越来越大。在袁崇焕出关抗御清兵、边防形势好转后，朱由检任命洪承畴为三边总督，加紧了对农民军的镇压，陕西义军王嘉胤、张献忠、李自成、罗汝才等部在明军的压力下先后离开了陕西，东渡黄河，进入山西。山西饥民群起响应，全省震动。洪承畴迅速派悍将曹文诏、马科、曹变蛟等人统兵追入山西。起义军闻讯，向东越过太行山进入畿辅平原地带，所向披靡，直接威胁到京师的安全。为解畿南之危，明廷调集大军三万余人，于崇祯六年（1633 年）冬天将义军包围在豫北。为了摆脱困境，起义军诈降明廷，使明军停止了进攻。待十月底黄河结冰，义军出其不意溃围而出，南渡黄河进入中原，分道直扑安徽、湖广、四川。农民起义从局部问题变成了明廷的心腹之患。

面对这种形势，朱由检一筹莫展。大臣们提出，农民军之所以没有被消灭于畿南就是因为事权不一，明军各自为战，步调不一致，各怀观望，不肯用命。建议朝廷设立总督，统一指挥。朱由检同意这个意见。可是，这个总督让谁当呢？洪承畴这时已调防辽东，肩负边防重任，"未可轻易"。过了数月，有人推荐了延绥巡抚陈奇瑜总督陕西、山西、河南、湖广、四川五省军务，总办剿灭义军军事。

崇祯七年（1634 年），陈奇瑜集中各路明军在湖北打了几个胜仗，将义军赶回陕西。义军在向陕西退却的路上误入汉中栈道险区，被明军包围在车厢峡，进入死地。义军又采用伪降手段，派人以重金贿赂陈奇瑜手下将领，陈奇瑜认为可以不费吹灰之力收服义军，主张招抚，得到朱由检批准。义军走出死地后，立刻又砍杀官军，重举义旗。朱由检恼羞成怒，下令将陈奇瑜下狱治罪，调洪承畴接任五省总督。崇祯七年底，义军返回河南，次年正月打下朱元璋的老家凤阳，掘了朱家的祖坟。

凤阳失陷的消息传到北京，朱由检在群臣面前痛哭流涕。他觉得自己对不起苍天，对不起祖宗。一连几天，他布衣角带避殿办公，以表示自己的痛苦，又亲赴太庙，祭告祖宗，同时发布《罪己诏》引咎认罪。朱由检不甘心失败，他严令吏、兵二部追查凤阳失陷的原因，凤阳巡抚杨一鹏被逮捕处死，一大批有责任官员被遣戍。随后，又调发拼凑了 7 万官兵，拨军费 100 多万两，限洪承畴 6 个月之内荡平义军。

洪承畴在皇上的催督下提兵入河南。义军避开明军又回到陕西，消灭了明军艾万年、柳国镇部。李自成在真宁消灭了明军精锐曹文诏部。高迎祥等则继续在中原活动。为了应付这种局面，朱由检又起用卢象升总督直隶、河南、山东、四川、湖广等处军务，与洪承畴一个西北、一个东南，分区剿灭义军。到崇祯九年（1636 年）正月，6 个月期限将过，东南、西北两路皆无捷报。朱由检一面给洪、卢二人施加压力，一面下达大赦令，表示赦免起义农民，企图分化瓦解农民军。

崇祯九年（1636 年）五月，卢象升会合洪承畴在周至地区击败高迎祥率领的部队，活捉了高迎祥。明军乘胜收降了张妙手、蝎子块等部。李自成也在明军追击下离开陕西，进入宁夏、甘肃。一时间，出现了天下将平的征兆。可是，好景不长，只不过几个月时间，李自成又死灰复燃，领兵从甘肃直扑四川，烽烟再起。张献忠、罗汝才又驰骋于中原，天下骚乱如故。

崇祯十年（1637 年）三月，朱由检起用宣大总督杨嗣昌为兵部尚书，委他负责内外军政。对于剿灭农民起义，杨嗣昌提出"四正六隅"十面张网的战略。由总督和总理分别统兵，各负其责。总督由洪承畴担任，总理则是杨嗣昌推荐的两广总督熊文灿，杨嗣昌居中调度。整饬兵马，期以三月消灭全国农民起义。

增兵就要增饷，根据杨嗣昌的计划，增兵 12 万，增饷 280 万两。280 万两增饷出自何方，当然还是百姓。想到再次加派，朱由检不禁大费踌躇。正在这时，有一个在京考选的知县在召对时慷慨陈词，说百姓之困，皆由吏之不廉，不在于加派与否。守令只要廉，再加一些也无妨。这个知县深知朱由检最恨贪污，最急兵饷，因此投其所好，以求大用。朱由检果然龙心大悦，认为此人来自地方，知地方弊病，加派还是可行的。过了几天，朱由检便发下诏令，说："不集兵无以平寇，不增饷无以养兵，着勉从廷议，暂累吾民一年。"这就是剿饷的加派。崇祯十二年（1639 年），杨嗣昌又以兵弱不可用，请增练边兵以成劲旅，于是又加练饷，剿饷、练饷总共 1000 万两，加上辽饷，加派达 1700 余万两。远远超过正赋之数，民间由此私自呼崇祯为"重征"。这更给燎原的农民起义火上浇油。

　　本来明军在首辅杨嗣昌的调动下，崇祯十一年在剿灭农民军方面取得了很大进展。在江淮地区，总理熊文灿招降了张献忠，小股农民军投诚者颇多。西北方面，总督洪承畴、陕西巡抚孙传庭穷追猛打李自成。在十一年底将李自成部荡平，李自成逃进了深山。但在重重加征之下，人民水深火热无法生存，崇祯十二年（1639 年）五月，张献忠不得不再叛于谷城，一时诸降明农民军皆云起响应，攻城略地，天下又趋大乱。崇祯无将可派，只好对杨嗣昌寄予厚望，让他亲临前线督师，以遏制农民起义军的燎原之势。

　　杨嗣昌到达军中，在襄阳建起大本营，积蓄粮草兵杖，整顿士卒，誓师扑灭张献忠。杨的"剿贼"实际上是"赶贼"。他想把张献忠赶到四川去，然后封闭四川加以围攻，因此他督军跟在张献忠屁股后面鼓噪，却不积极进攻。四川的军队又被杨嗣昌调了出来，张献忠乘虚入川，连下重庆等几十个州县。朱由检急令杨嗣昌跟踪剿灭。待杨嗣昌赶到四川，张献忠却虚晃一枪折回湖广，直奔襄阳。就在这个时候，李自成在陕西复起，率领18骑出现在河南，不到几日，跟从的农众发展至10万。崇祯十四年（1641年）正月李自成打下洛阳，杀朱由检亲叔福王，其子朱由崧逃往江淮。朱由检刚得到洛阳失陷之报，张献忠已攻下襄阳，活捉了襄王。张献忠端起一杯酒对襄王说："请亲王痛快地喝下这杯酒。我要借殿下的人头杀掉杨嗣昌。"于是杀了襄王，一个月中间连失两个亲藩。洛阳福王聚敛金银无数，襄阳杨嗣昌积蓄的军马兵仗又全被农民军缴获。时谓"洛阳国帑，襄阳军资"全归了张李。杨嗣昌知道自己的死期就要到了，朱由检不会饶过他，与其被诛于西市，不如自裁，于是在军中服毒自尽。崇祯十四年（1641年）九月，明原兵部尚书、陕西总督付宗龙在与李自成起义军作战中又兵败被杀于项城，明军精锐人马损失净尽，河南的州县也几乎全部被农民军攻占。到崇祯十五年（1642年）二月，继任的陕西总督汪乔年也被李自成打败杀死。这时张献忠起义军攻占了湖广四川的绝大部分地区。在辽东方面，洪承畴13万大军在朝廷一味催战下又陷入清军重围，到崇祯十六年（1643年）二月，坚持一年的明军全军覆灭，明王朝山海关外军事要地尽失，清军又将兵锋指向关内。

崇祯十六年（1643年）春，李自成在襄阳建立了他的政权，准备加紧夺取全国政权、同年，张献忠在武昌建立了大西政权，接着挥师挺进四川。崇祯十六年九月，潼关之战，孙传庭兵败身死，朱由检手中最后一支生力军也丢掉了。李自成又乘胜夺取西安，建立大顺国，据有了明王朝的半壁江山。

崇祯十七年（1644年）正月初一，李自成誓师伐明，亲率40万大军渡河东征，直扑北京。面对天下的四分五裂、李自成的猛烈进攻，朱由检已经无能为力了。

自缢煤山，明朝灭亡

严重的内忧外患把朱由检搞得精疲力竭。眼看着满朝文武结党营私，全不以国家的命运为重，他非常苦闷。

朱由检自奉节俭，由于国家财政困难，他多次减少皇室的开支。皇帝和后妃的衣服本来是穿一次就要换，后宫库内堆积如山的箱子里盛的就是历代帝后的衣物。朱由检觉得这样太浪费，他自己带头穿经过浆洗的旧衣。周皇后有时还亲自动手洗衣。为他讲课的大臣曾看到过他衬衣袖口磨烂，吊着线头。宫中旧有的金银器皿皆摒而不用，也不再制造新的，到最后，许多金银制品都拿到银作局化掉充饷了。朱由检当政17年，宫中没有进行过任何营建，节省了大量经费。他有时晚上看奏章到深夜，肚子饿了就让太监拿几个零钱去买点消夜。宫中原有的大批宫女，也被遣出宫去。

朱由检的勤政超过任何帝王，工作起来不分昼夜。平时，白天在文华殿批阅章奏，接见群臣，晚上在乾清宫看章奏，军情紧急时连续几昼夜都不休息。

崇祯十七年（1644年）正月初一，京城大风，黄雾满天，黑气沉沉，凤阳祖陵又发生了地震。京师人心惶惶，人们都预感到明帝国的末日来到了，朝中有的官僚大多为自己谋求后路了。

正月初十，李自成逼近京师的消息传到了京城。朱由检手拿奏疏，浑身颤抖，痛哭流涕地说："朕非亡国之君，事事皆亡国之象。祖宗天下一旦失之，何面目见祖宗于地下。朕愿督师亲决一战，身死沙场无恨，但死不瞑目耳！"听到朱由检要亲自出马，陈演等大学士一个个报名请替，李建泰尤其迫切。李家住山西曲汪，为地方巨富。他表示愿出私财饷军，在山西建立武装，抵挡李自成的进攻。朱由检大喜，当即决定李建泰以督师辅臣身份"代朕亲征"。

正月二十六日，朱由检行隆重的遣将礼，然后在正阳门城楼上摆上宴席为李建泰饯行。朱由检亲自用金杯赐李三杯酒，过后又拿出自己亲笔书写的《钦赐督辅手敕》交给李建泰。敕书授给李建泰莫大的权力，"行间一切调度赏罚俱不遥制。不论何人，只要不服从李建泰便可以尚方剑从事"。李建泰分外感激，誓以死报。饯别后，朱由检站在城楼上久久地望着李建泰远去的征尘，他把天下安危之重任寄托在了李健泰的身上。可是，李建泰刚出京，轿框就折了，朝野上下皆以为不吉利。此时，北京城外好像已不是明朝的天下，李建泰处处受阻，沿途州县根本不供给吃用。到了河北定兴，县令竟不许进城。待闻知李自成的大顺军已过黄河时，李建泰慌忙撤退，带领几百名亲军进了保定，不久就在保定投降了大顺军。

李建泰出师山西后，全国已无兵力可抽，北京城守只好抽调在宁远的总兵吴三桂了。正月十九日，朱由检指示调吴三桂回来。但吴三桂一撤，就等于将关外之地拱手送给了大清王朝。大学士们深知弃地意味着什么，也深知朱由检思想变化无常，故都不敢承担责任。首辅陈演以各种借口拖延，多次召集大臣会议，研究吴三桂内撤后边民怎么安顿，费用怎么出，山海关怎么守，一直拖拉到二月底，吴三桂还没撤。三月初，大顺军已经拿下山西，逼近北京。朱由检急了，才下令封吴三桂为平西伯，率军入关保卫京师，但这时已缓不济急了。

随着京师日益危急，朱由检拼尽气力支撑局面。崇祯十七年（1644年）二月，户部告称国库已空，为了应付眼前的困难，朱由检下令勋戚、在京的百官捐助，以纳银3万两为上等。朱由检派太监去找皇后的父亲周奎，让他拿12万，为百官做个榜样。周奎不答应，只拿1万，太监含泪而去。朱由检听了再次派人让他拿2万。周奎暗中向女儿求救，周后给了他5000两，他扣下2000两，只上交了3000两，可后来大顺军从他家抄出现银50多万两。朱由检嫂子张皇后的父亲张国纪拿了2万，晋封侯爵。文武百官捐助的只不过几十两、几百两而已。朱由检看收不上来，决定实行摊派，按衙门收。后来又按籍贯收，规定8000、4000、3000两不等。太监也奉命捐助，平时最富的太监如王之心等人此时也大大哭穷。折腾了一个月，共得银20余万两。而大顺军进城后从文武百官、太监贵族那儿共得到两千余万两金银。

在这种急转直下的形势下，朱由检两次发表《罪己诏》，向天向臣下百姓表示愿意承担一切罪责，下令停征一切加派，企图稳定民心，鼓舞士气，作困兽斗。但是，已经毫无意义。

三月十五日，大顺军进攻居庸关，守关的唐通和太监杜之秩投降。三月十六日打下昌平，当天便有部队到达北京城下。此时的北京城乱作一团。京军在城外溃败，城上守者有太监亦有官军，号令不一，兵部、五军都督府，还有太监各自为政，谁也管不了谁，没有个统一指挥。城上兵士吃不上，喝不上，士气低落。朱由检也没有办法。

三月十八日，李自成派投降的太监杜勋去与朱由检谈判，提出双方中分天下，朱由检拿出800万两白银犒军，双方罢兵言和。守城太监曹化淳、王德化将杜勋带上城来，杜勋对皇上说明了来意。朱由检当时未表示意见。他根本不想投降，但又不想放弃这个拖延时间的机会，于是令亲信太监与杜谈判，希望拖到各地勤王兵到来解围，可是，李自成不想再等了。三月十八日晚上，农民军大举攻

城，曹化淳打开城门迎降，李自成占领了外城。

朱由检听到外城陷落的消息，知道大势已去，他率领宫内一群太监在城内无目的地转了一圈，回到宫内，登上了煤山。看到外城烽火连天，朱由检长叹一声，潸然泪下。他默默地站了一会儿，便回宫去处理后事。

朱由检首先让人叫来了太子和永、定二王。看着16岁的太子和一个11岁、一个9岁的皇子，朱由检心里非常痛苦。他告诉他们，北京就要失陷，国破家亡了。你们要逃出去，将来有时机为我报仇。又令人拿来破旧的衣服给三个儿子穿上，说："今天你们是太子和王子，明天就是普通百姓。出去后，见到老者叫伯伯，年轻的叫先生。你们要学会保护自己，快！快逃命吧。"朱由检说到这里哽咽了，三个孩子也哭作一团。朱由检挥手让太监分别将弟兄三个送到周、田二位皇亲家中。并随手写了一张诏谕，令百官"俱赴东宫行在"，让人送到内阁，这时内阁已经没有人了。

送走了三个皇子，朱由检让太监王承恩给他拿了酒来，自斟自饮，不多时便醉了。他走出宫门，怅望黑压压的紫禁城，内心百感交集。17年的呕心沥血，17年的惨淡经营，如今毁于一旦，他只能以死向祖宗之灵赎罪，向万民赎罪了。他令身边的太监向各宫传旨，皇后嫔妃速速自裁。少顷，他来坤宁宫，眼睁睁地看着爱妻自缢身亡。

朱由检从坤宁宫到了袁妃的西宫，几个嫔妃都惊惶地躲在这里。朱由检看到袁妃已自缢，但从凳子上摔了下来，口中尚有呼吸。他抽出宝剑咬着牙向袁妃砍去，袁妃血流如注。他挥动宝剑又连砍了几位嫔妃。然后直奔寿宁宫。

朱由检的次女，16岁的长平公主住在寿宁宫，他到寿宁宫时，

中国历朝末代皇帝

长平公主已准备自缢。看到父皇浑身血迹，手提宝剑，长平公主大叫一声"父皇"，就朝朱由检扑过来。朱由检心如刀绞，怕爱女扑进怀中后他再也举不起宝剑，便声嘶力竭地大喊一声："你为什么要生在我家？"一剑砍去，长平公主顿时倒在血泊中。杀了长平公主，朱由检又去昭仁殿杀了三女昭仁公主。

做完这些后，朱由检在宫中稍稍停留，便由太监王承恩架着出宫登上煤山。他跑掉了一只鞋子，沾有血迹的长袍也脱掉了，只穿着一件宽松的内袍。进了寿皇殿，他让王承恩在梁上搭上一根白绫，吩咐自己死后，王承恩可以逃命去。王承恩涕泪交流，表示要随皇上去死，朱由检心中稍觉宽慰。他最后望了一眼宫城，自己将白绫套上了脖子。王承恩眼看着君主死后，自己也吊死在他的对面。历经 16 帝共 276 年的大明王朝终结。

■ 相关链接

抗清英雄袁崇焕

袁崇焕（公元 1584 ~ 1630 年），字元素，广西藤县人，祖籍广东东莞，明朝著名军事将领。他戎马一生，为守卫明朝东北边疆、抵御清军进攻，立下了赫赫战功。不幸遭奸佞陷害，致使崇祯帝中了皇太极的反间计，错杀袁崇焕，造成千古奇冤。

袁崇焕的青年时代，正值明皇朝统治日趋腐朽之际。有感于国家的衰败，袁崇焕自幼好读兵书，学习用兵救国之术。万历四十七年（1619 年），袁崇焕中三甲第四十名，赐同进士出身，授职福建邵武知县。在任上，他救民水火、处理冤案等，深得民心。同时，他仍然非常关心东北边境的战况，常常同一

些曾经卫戍辽东的退役将卒讨论辽境的地理和防御状况，向往有一天自己能投笔从戎，实现自己保家卫国的宏图大志。

袁崇焕任邵武知县之职不久，遵照朝廷的规定，于天启二年（1622年），到北京朝觐，接受朝廷的政绩考核。他利用在京的时机，察视边塞，了解形势，为辽事进行准备。御史侯恂慧眼识英雄，推荐袁崇焕为兵部职方主事，负责镇守山海关。袁崇焕刚到任所，便深夜单骑出关了解地形，回来后便称："予我军马钱谷，我一人足守此。"虽是口出狂言，但这番胆识和勇气，也着实让人佩服。不久，他就被升为山东按察司佥事、山海监军，成为驻防边疆的一员勇将。

在兵部尚书孙承宗的大力支持下，袁崇焕在辽东筑宁远城，恢复锦州、右屯等军事重镇，使明的边防从宁远向前推进了两百里，基本上收复了天启初年的失地，他又采取以辽土养辽人、以辽人守辽土的政策，鼓励百姓恢复生产，重建家园。还注意整肃军队，号令严明，大大提高了军队的战斗力。由于治边有方，天启三年，袁崇焕升为兵备副使，不久又被升为右参政。

天启六年（1626年）正月，后金国主努尔哈赤率13万八旗子弟前来围攻宁远。袁崇焕刺血为书，誓师全军，表示誓与宁远城共存亡。在他的感染下，"将士咸请死效命"，同仇敌忾，士气高涨。袁崇焕令城外守军全部撤进宁远城，坚壁清野，又亲自杀牛宰马慰劳将士。他还将全部库存的白银置于城上，传令有能打退敌兵、不避艰险的人，当即赏银一锭。如临阵退缩，立斩于军前。为了增强火力，袁崇焕令人将城中存有的仿西洋"红夷大炮"架上城头，一切准备就绪，严阵以待。

二十四日，后金军兵临宁远城下。袁崇焕胸有成竹，邀朝鲜使者同坐战楼观战。突然一声炮响，后金军开始攻城。只见八旗兵丁四处散开，满山遍而来。袁崇焕一声令下，城楼上火炮齐鸣，弓箭齐发，后金军死伤惨重，只好退军。次日，后金军重振士气，再次来攻，他们把裹着生牛皮的战车推到城墙根，准备凿城穿穴，袁崇焕立即亲率士兵挑石堵洞，又令城上大炮加强火力猛攻敌阵。后金军总帅努尔哈赤在营前指挥作战，忽被飞来的炮石击中，受伤坠马，血流不止。后金军见主帅受伤，匆匆收兵退去。在归途中，努尔哈赤病情加重，死于军中。

宁远一战，是努尔哈赤自 25 岁征战以来唯一的一次败绩。袁崇焕从此威名大振，后来清军也不得不承认"议战守，自崇焕始"。

宁远之战后，袁崇焕被升为辽东巡抚，关外防务，尽归袁崇焕筹划。为了休整军队，他一面派人假意与后金和谈，一面加紧整饬军队，修筑锦州、中左、大凌等要塞，以防后金的突然袭击。天启七年五月，皇太极果然率军来攻锦州，将锦州团团围住。锦州守军一面坚持抵抗，一面飞报袁崇焕请援。袁崇焕识破皇太极围锦州的目的是想诱自己出战，以便借袭宁远。他认为，"宁远不固，则山海必震，此天下安危所系"。于是坚守宁远不动，而派精骑四千绕到清军后面猛攻，致使清军两面受敌。同时又奏请朝廷调蓟镇、保定、昌平、宣府、大同各路守军趋山海关支援。皇太极攻锦州不成，就集中兵力进攻宁远。此时宁远守军已准备就绪，"红夷大炮"整整齐齐地排在城头，引弹待发。清军将领见宁远防守甚严，不易攻破，便劝皇太极不要攻城。皇太极怒斥道："当初我父攻宁远不下，而如今我攻锦州不下，像这样的野战，如不取胜，如何能张扬我国威！"说

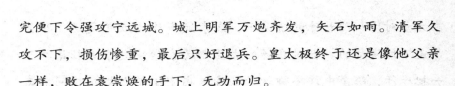

完便下令强攻宁远城。城上明军万炮齐发，矢石如雨。清军久攻不下，损伤惨重，最后只好退兵。皇太极终于还是像他父亲一样，败在袁崇焕的手下，无功而归。

宁、锦大捷全靠袁崇焕运筹帷幄，指挥有方。但在明廷论功行赏时，魏忠贤却将他人之功占为己有，不仅自己封赏最厚，连他的爪牙也个个有奖，唯独对袁崇焕，不仅无封赏，反而诬他"不救锦州为暮气"。袁崇焕一怒之下，上疏乞休归乡。

崇祯帝登基之后，日夜思得良将解辽境之忧，"延臣争请召崇焕"。崇祯元年四月，任命袁崇焕为兵部尚书兼右副都御史，督师蓟、辽，兼督登、莱、天津军务。七月，袁崇焕应召入京。崇祯帝亲自在平台召见他，与他商量平辽方略。崇祯帝说："卿万里赴召，忠勇可嘉，所有平辽方略，可具实奏来。"袁崇焕一听今上如此信任自己，锐意平辽，一时热血沸腾，便不假思索地答道："所有方略，已具疏中。臣今受皇上特达之知，愿假以便宜，五年而建部可平，全辽可复奏。"崇祯帝一听五年就可以收复辽疆，真是喜出望外，也慷慨地答道："五年复辽，便是方略，朕不吝封侯之赏，卿其努力以解天下倒悬之苦！卿子孙亦受其福。"

"五年复辽"，谈何容易？袁崇焕不知，自他离职后，东北边防已现出了巨大的变化。从明军方面而言，继任的督抚多贪赃冒赎，克扣军饷，多次激起士兵哗变，军心涣散。锦州、大凌等要塞也相继失守，边防一触即溃。而皇太极即位以来，更加注意调整满汉关系，逐渐开始封建化过程，国力大增，八旗兵的作战能力大大提高，皇太极也在战斗中总结出了对明作战的经验。因此可以说，在东北边境，清军的实力大大胜于明军。

在力量对比如此悬殊的情况下，袁崇焕声称"五年复辽"很显然是不切实际的。当时在场的大臣都为袁崇焕的豪言壮语捏了一把冷汗，给事中许誉卿趁崇祯帝入内室小憩之机悄悄问袁崇焕为何出此狂语，袁崇焕笑笑说："聊慰圣心耳。"许誉卿正色道："上莫甚，岂可浪对？异日按期责功，奈何？"袁崇焕一听大梦方醒，甚觉失言。待崇祯帝再出，立即跪奏道："东建四十年蓄聚，此局原不易结，但皇上留心封疆，宵旰于上，臣何敢言难？此五年之中，须事事应手，首先钱粮。"接着提出了在军队调度、兵需供给方面的诸多要求。崇祯帝一一答应。袁崇焕担心自己远离京师遭人妒陷，又奏道："以臣之力，制全辽而有余，调众口而不足。一出国便成万里，忌功妒能，夫岂无人。即凛凛于皇上法度，不以权掣臣之手，亦能以意见乱臣之方略。"崇祯帝听到这些话，举得非常刺耳，但为了边疆大事，也不便发作，沉默了一会儿，对袁崇焕说："条对方略井井，不必谦逊，朕自有主持。"并赐予袁崇焕尚方宝剑，准许他先斩后奏。

不久，袁崇焕离京赴任。崇祯帝亲自为其送行，把收复边疆的宏愿完全寄托在袁崇焕身上。袁崇焕深知身负重命，但仍虑皇上不能信而不疑，便再次恳请皇上"任而勿贰，信而勿疑"。还一再说明"军中可惊可疑者殊多，但当论成败之大局，不必摘一言一行之微瑕"。崇祯帝皆"优诏答之"。

袁崇焕刚到御辽前线，就遇上了驻宁远的士兵因长期缺饷而哗变。他当即单骑入营，惩治了贪虐的将领以抚军心，又将兵变为首者枭首示众，以严明军纪。为了从根本上稳定军心，他连连上奏，要求朝廷发饷济远。

崇祯帝见袁崇焕到边境未立一战功，请饷的奏折却不断传来，心中很不高兴。在召集众臣讨论时，崇祯帝没好气地说："将兵者果能如家人父子，自不敢叛，不忍叛。不敢叛者畏其威，不忍叛者怀其德，如何有鼓噪之事？"站在一边的礼部右侍郎周延儒听出了崇祯帝的弦外之音，趁机挑拨，说："什么军事哗变，实非缺饷，而是另有隐情。"崇祯一听，对袁崇焕的十分信任顿时减去三分，虽然勉强发去了军饷，但心中却开始怀疑袁崇焕恃边逼饷以充私囊。

不久，又传来了袁崇焕擅杀皮岛守将毛文龙的消息。毛文龙原是辽东明军将领，辽东失陷后撤到濒临朝鲜的皮岛上，他在岛上择壮为兵，多次袭击清军后方，有力地牵制了清军的南下。但毛文龙恃功跋扈，根本不听袁崇焕的指挥，反而虚功冒饷，诬灭袁崇焕克扣了他的军饷。为了统一边防号令，袁崇焕借督饷赴皮岛之机诱捕毛文龙，先斩后奏。崇祯帝接到袁崇焕的奏疏，心中十分恼怒他竟敢不经圣裁擅杀边将。但碍于自己曾亲赐尚方宝剑，又指望袁崇焕早日恢复辽境，所以还是强忍怒气。

崇祯二年（1629年）十月，皇太极率大军避开袁崇焕的防地，从蒙古绕道入关。由于蓟州一线边防松弛，使得清军轻易攻破，很快便会师于遵化，直逼京师。袁崇焕得知清军入关的消息，心急如焚，立即亲率精锐部队马不停蹄赶赴京师救援。他们赶到北京城外，与围攻广渠门的清军交锋，一场恶战，清军败退。

崇祯帝在城内得知袁崇焕援军已到，十分惊喜，连忙发饷犒师，并命各路勤王军统归袁崇焕调度。袁崇焕担心部下日夜奔驰，马卒疲怠，请求入城休整再战。但遭到了崇祯帝的坚决拒绝，只好移师城外驻防。

皇太极见又遇劲敌袁崇焕，心中又恨又怕，决定利用崇祯帝多疑猜忌的性格，借崇祯帝之手除去心头大患。他首先假拟了两封所谓的"密信"，让部下有意"丢失"在明军经常出没的地方，信中以自己的口气约袁崇焕私下议和。此信一传开，京城中人心惶惶，怨谤纷起。那些往日与袁崇焕有隙的朝臣也趁势"诬其引敌协和，将为城下之盟"。崇祯帝正在半信半疑之际，两名从清营中逃回来的宦官又报告说在清军中亲耳听见将士议论，称袁崇焕已与清主和议，不久将不战而献北京。至此，崇祯帝深信不疑，当即传令袁崇焕入见，趁其不备将他逮捕下狱。崇祯三年（1630年）八月十六日，以"谋叛欺君罪"将袁崇焕处死。

崇祯帝轻率疑臣，自毁长城，致使袁崇焕忠心报国却含恨九泉。

◆ 逊帝溥仪

　　爱新觉罗·溥仪（公元1906～1967年），清朝第十二代皇帝，也是清朝乃至整个封建王朝的最后一个皇帝。醇亲王载沣的长子，其母为摄政王嫡福晋苏完瓜尔佳氏。公元1908即位，因其年号为宣统，历史上又称"宣统（帝）"，也称"逊帝"。1912年2月退位。1917年，张勋曾拥护他复辟，仅12天就失败了。1924年，被废除帝号逐出宫。溥仪的一生坎坷曲折，前半生是名义上唯我独尊的皇帝，事实上无异囚徒；后半生，由皇帝变公民，过上了一个正常人的生活，为国家做出了一些积极的贡献。著有《我的前半生》一书。

无人管束的"天子"顽童

　　光绪三十二年（1906年）正月十四日，北京城里醇王府邸，一个婴儿降生了，这就是中国的末代皇帝——爱新觉罗·溥仪。

光绪三十四年（1908 年）十一月初九日，3 岁的溥仪在太和殿登基，年号宣统，改明年为宣统元年，成为大清国的第十二位皇帝，也是大清王朝的末代皇帝。

虽然清朝有多位皇帝都是幼年登基，但溥仪是年龄最小的一个。自顺治、康熙以来的皇帝，即位的年龄愈来愈小，同治帝是 6 岁，光绪 4 岁，而宣统只有 3 岁。

慈禧太后之所以选择溥仪入继大统，是和溥仪的家庭背景分不开的。道光皇帝是溥仪的曾祖父。当年，道光皇帝在 9 个皇子中选择了第四子奕詝继承皇位，这就是咸丰皇帝。咸丰只有一子载淳，成为继承皇位的不二人选，他就是同治帝。然而同治无子，继承大统的是载湉，即光绪皇帝。

载湉的父亲醇亲王奕譞有 7 个儿子，载沣是他的第五子。载沣的嫡福晋瓜尔佳氏是慈禧亲自指定的，是其心腹大臣荣禄之女，同时也是慈禧的养女。

荣禄，满洲正白旗人。他先被赏为主事，后升为户部管银库员外郎，因为贪污罪，差点被肃顺处斩。侥幸逃生后，他花银买了个直隶候祉道的官位。咸丰逃难承德时，荣禄是巡防处的"总其事"，这成为他日后发迹的起点。从此他官路顺畅，一帆风顺。同治初，设神机营，荣禄充翼长，后来又兼任总管内务府大臣。

同治帝驾崩无后，荣禄便向慈禧太后进言，等嗣皇帝光绪有子，可承继同治为嗣，兼承光绪之祧。这样就捋顺了同治、光绪及光绪儿子三者之间难以处理的复杂关系，深得慈禧的喜欢。这样到光绪元年，荣禄兼步军统领，又从左都御史升至工部尚书。光绪二十年，授步军统领，并上疏建议由袁世凯负责统筹操练新军。随后，荣禄授兵部尚书、协办大学士。4年后，荣禄晋大学士，任直隶总督，又为军机大臣。特别是在戊戌政变中，荣禄更是慈禧的智囊，他从袁世凯处获得机密情报，火速奏报慈禧太后，导致帝党失败。事后又受懿旨捉拿康有为、谭嗣同等戊戌六君子。八国联军侵入北京，荣禄作为慈禧的心腹留守京城，任办事大臣。慈禧太后回銮后，给荣禄加太子太保、转文华殿大学士。此时的荣禄更是身兼将相，权倾朝野。

慈禧爱屋及乌，经常召荣禄之女入宫陪伴，十分喜爱她，最终认其为养女，并将她指配给载沣，以"敦两家之睦谊"。当时载沣的庶母，也就是老亲王的世福晋刘佳氏，已经为载沣定了亲。但是，当他们将此事奏告给慈禧太后时，慈禧却一意孤行，坚持为载沣指婚，刘佳氏只有忍痛将其子已磕头之未婚福晋退掉。

光绪二十八年（1902 年），载沣与荣禄之女完婚，溥仪就是他们的长子。在处理慈禧与光绪的关系上更是小心谨慎，不要说对太后和皇帝，就是对荣禄与翁同龢这些太后、皇帝身边的近臣，也都小心相处。然而无论载沣如何超脱，他的命运注定随着溥仪的入宫而改变，他势必要卷入政治，成为一个写入历史的人物。

溥仪登基后，载沣就成了名副其实的监国摄政王，担负起处理朝政的重担。而此时的溥仪还是一个喜欢玩耍的顽童。

溥仪贪玩、顽皮，读书极不用功，更严重的是目无师长，常常戏嬉逗耍他的老师。但是，由于溥仪是皇上，老师们拿他也无可奈何，任由溥仪胡作非为。

在人们百般逢迎和依顺的情形下长大的溥仪，行事乖张，没有约束，变成了一个以虐待他人来取乐的顽童。虽然老先生们孜孜不倦地讲解圣人的仁恕之道，但是溥仪的恶作剧仍是层出不穷。而服侍他的大小太监首当其冲成为他的玩物和寻开心的对象。

小时候的溥仪最喜欢让小太监趴在地上给他当马骑。这下可苦了小太监，既要爬得快，逗皇上开心，又要防止小皇帝摔下来，真可以说力神俱损。而溥仪只要玩得高兴就不会停止，骑在小太监的背上总也不下来，有时还要挥舞鞭子打"马"快跑。直到小太监累得气喘吁吁、汗流浃背、再也爬不动一步的时候，溥仪才兴犹未尽地下来，把鞭子一扔，转头就走。

喜好玩狗的溥仪在紫禁城内养了百余只各种各样的狗，专门供他玩耍。其中有两只受过专门训练的德国警犬，一只叫"佛格"，一只叫"台格"，它们行动机敏，凶悍异常。溥仪常常带着这两只狗吓唬太监。

有一次，一个姓周的太监给溥仪送西瓜吃，谁知道周太监刚走到养心殿前，溥仪突然唤出两只警犬向周太监扑去。周太监双手捧着西瓜，眼见两只来势凶猛的狗冲了过来，又不敢丢了西瓜独自逃跑，只能呆立在路上。两只狗冲到周太监跟前，用前爪使劲按住他的双肩，伸出血红的舌头，呲着白白的利齿。周太监吓得魂不附体，承受不住狗向下按的力道，终于连人带西瓜摔倒在地上，衣服被狗撕破了，腿也磕破了，西瓜水溅了满脸满身，狼狈不堪，但是两只狗仍然按着不放，直到溥仪唤住了两只警犬。看着周太监的样子，溥仪笑得前仰后合，随后吩咐身边的太监，赏给周一块大洋算是了事。

此外，溥仪还喜欢玩骆驼、喂蚂蚁、养蚯蚓，而他最大的乐趣就是对百依百顺的太监们进行恶作剧。他经常心血来潮，用各种方法试探太监是否听话。一次，他随便指着一个太监，让他吃掉地上的一块脏东西。这个太监双膝跪地，捡起那块脏东西，面不改色，

一声未响地吃了下去。溥仪对此十分满意，连连点头。

还有一次，溥仪正拿着救火用的唧筒喷水取乐，恰好看见前面走过一个年老的太监，他顿时兴致大发，拿着龙头冲着可怜的太监喷去。这老太监想跑又不敢跑，只得老老实实地跪在那里，任由冷水从头到脚把他淋成了落汤鸡，最终竟被冷水激死了过去，经过一阵抢救，才又活了过来。

溥仪不仅喜欢责打太监，虐待下人，还心性多疑，为了防止受过他责打的人怀恨在心，挟嫌报复，他总是在惩罚完太监后，就把他们赶走，就连总管太监张谦和也不能幸免。据说溥仪一直吃乳母王焦氏的奶，直到9岁。

有一次，总管太监张谦和因有急事，便未经通报，直接闯进了乳母的卧室，正好看见溥仪在吃奶。溥仪来不及躲避，羞得满脸通红，大声训斥让张谦和出去。这太监毫不知趣，倚老卖老，竟然还取笑皇上："万岁爷都这么大了，还在'进哺'。"闻听此话的溥仪，恼羞成怒，高声大骂张太监，并命人将他狠狠打了一颇，最终轰出宫去才算解气。

百依百顺、前呼后拥的环境，逐渐养成了溥仪唯我独尊、高人一等的心理。他发脾气的时候，拿太监解气；他无聊的时候，拿太监寻开心，完全不尊重他人。满腹"仁恕之道"的帝师和太妃都拿他没办法，只得睁一只眼，闭一只眼，放纵他为所欲为。而宫中唯一能阻止溥仪恶作剧行为的人，大概只有目不识丁，不懂什么大道理的乳母王焦氏。

王焦氏对溥仪就像一个慈祥的母亲对待自己的亲生儿子一样。溥仪对王焦氏的感情也远远超过了4位太妃。孩童时期的溥仪，只要听说乳母来了，就放下所做的事情，像普通孩子一样扑到乳母身上撒娇，从乳母王焦氏身上找到了缺乏的母爱。这也是溥仪尊重王焦氏，最听她话的原因。

有一次，溥仪看太监李长安表演玩木偶戏，演出十分精彩，逗得溥仪大笑不止，连连喝彩。看完后，溥仪兴致勃勃地问李长安想要点什么。李长安哪里敢向皇上要东西，急忙趴在地上说："万岁爷手边的什么都行。"溥仪环视四周，一下看到了一盆鸡蛋糕，就决定把蛋糕赏给他。但溥仪不放过任何一个捉弄人的机会，他从条桌上拿块蛋糕，不立即给李长安，而是东瞅瞅，西看看，最后撕开练腿功用的铁砂袋，掏出一些铁砂子，就要放入掰开的蛋糕内。

这时王焦氏恰好走过，她看到这一切，慌忙走到溥仪身旁，在他耳边说："老爷子，那怎么行？铁砂子放在蛋糕里，还不崩坏他的牙。"溥仪得意洋洋地说："我就是要看他崩了牙的模样。"王焦氏进一步劝导说："崩了牙，他以后怎么吃东西呀？老爷子不吃东西能行吗？"溥仪仍不想放弃取乐，便好言好语央求乳母说："就这一回，行吗？"王焦氏机智地说："那就换绿豆，咬绿豆也挺逗乐的。"李长安得救了，他在咬绿豆蛋糕时故意怪相百出，果然逗得小皇上哈哈大笑，连身边的小太监也忍不住直乐。李长安则在心中对王焦氏千恩万谢，谢她免去了他的一次灾难。

溥仪兴致来了的时候，完全不顾他人的安危。一次，他玩气枪玩得兴起，便装上铅弹向太监的窗户打。子弹穿过纸糊的窗户，掉进太监的屋里，在窗户纸上留下一个个小洞。屋里的太监生怕打破了脑袋，都吓得趴在炕沿下，不敢站起来，心里却在不停地嘀咕："这样打下去，什么时候算个头呢？"王焦氏的出现救了他们。王焦氏不知怎么得了消息，远远地就冲着溥仪大喊："老爷子，屋里有人哪！往屋里打，这要伤了人哪！"这样溥仪才想起了屋里有人，于是

收起了气枪。

溥仪地位虽高，但毕竟年幼无知。乳母王焦氏告诉他很多别人不会和他说的道理，他有牙、别人也有牙；他的牙不能咬铁砂，别人也不能咬；他要吃饭，别人也要吃饭；他有感觉，别人也有感觉，别人的皮肉被铅弹打了同样会痛。从乳母这些朴素的言语中，溥仪才逐渐体会到别人同他一样也是人。后来，溥仪回忆说：9岁以前，我还能从乳母的教养中懂得点"人性"，可是这点"人性"在9岁以后就消失殆尽了。

溥仪9岁那一年，王焦氏被太妃赶出了皇宫。尽管溥仪不断哭闹，宁愿不要太妃，也要嬷嬷，但最终于事无补。从此，他的行为更加没有约束。

被迫退位

公元1912年为民国元年。这一年的1月1日，孙中山在南京就任中华民国临时大总统，宣告中华民国临时政府成立。随后，袁世凯与孙中山秘密协商，孙中山表示同意让位，由袁世凯继任大总统。2月12日，清帝被迫宣告退位。绵延了200多年的清朝统治从此结束，中国两千多年的帝制时代也结束了。

隆裕太后授权袁世凯全权代表清廷向中华民国临时政府提出清帝退位的优待条件。随后，南京临时参议院召开特别会议讨论了清廷提出的条件，并提出了清帝退位条件的修正案。袁世凯再次提出清帝退位条件。南京临时政府随即提出了清帝退位条件的最后修正案。袁世凯召集内阁各部大臣及宗室王公会议，讨论南京临时政府的最后修正案，并最终通过了该修正案。2月12日以宣统帝奉隆裕太皇懿旨的名义，颁布了宣统皇帝退位诏书。宣统三年（1912年），

隆裕太后偕同皇帝溥仪在乾清宫颁布了"退位诏书"。各位国务大臣在唐在礼、姚宝来、刘恩源、蔡成勋4个侍卫武官的护卫下，参加了接奉皇帝退位诏书的仪式。

接受退位诏书那天，袁世凯并没有进宫，而是由胡惟德代替他带领各国务大臣入宫。这是因为袁世凯在东华门发生遇炸事件，此后他就称病在家办公，暂不入朝，任何需入朝办理的事务，均由外务大臣胡惟德代表。

2月12日天还蒙蒙亮的时候，各位大臣就聚集在乾清宫宫内东南角上的廊子里。过去大臣们就在这个廊子里候旨，廊子相当大，有几间屋那么长。这天，整个紫禁城戒备森严，奉命进宫的大臣们都担心闯出几个宗社党人来拼命。这些历经政治风云的大臣们不禁感叹道，诏书一下，清朝的天下就只限于紫禁城里了。大臣们进宫后，就坐在廊子里等候，一边喝茶，一边聊天，表面上和往常一样，但内心中却忐忑不安，感叹很多。不久，有人通知太后就要上殿了，请各位大臣上殿。胡惟德马上带领众大臣向殿里走去。胡惟德在距宝座约一丈远的地方站住，其他几位国务大臣按秩序在胡惟德的左右排成一列，面向宝座站定。另外4名武官站在大臣们的身后。此外，还有4名太监站在两旁侍候。

随后，有两个太监从后面走出来，分站在两边，走在后面的是隆裕太后，溥仪走在最后。胡惟德领着全体大臣向皇帝、太后行礼，但不是跪拜礼，而是连鞠了三个躬。隆裕太后则以点头作为还礼。礼毕，又有几个随扈的太监从后面走出。隆裕落座在正中宝座上，溥仪坐在旁边的一把椅子上。胡惟德先开口解释袁世凯未能出席的原因。隆裕太后点头称"是"，接着说道："为了使国家早一天得到统一，全国老百姓早一天得到安顿，过上没有战争的太平日子，我和皇上决心按照议和条件把国家大权交给袁世凯，由他来筹备共和政府。今天，颁布诏书，宣告退位，也可以叫袁世凯早点出来，为天下的安宁做些事情。"说完后，慢慢站了起来，把预先写好的诏书拿在手里，慢慢递给了胡惟德："你把这道诏书交给袁世凯吧，务必要把我的意思转告他。"胡惟德连忙走到隆裕座前，毕恭毕敬地鞠着躬，伸出双手把诏书接了过来，并说："太后睿明鉴远，顾全皇室的体面和百姓的安危。太后的这份苦心，袁世凯和各位大臣、世间百姓没有不知道的，绝不会辜负太后的一番慈衷善意的。况且优待条件已经确定，今后必然做到五族共和。如今大局已定，今后的天下就是太平的天下了。敬祈太后保重，太后放心。"胡惟德说完话后，太后脸上露出凄惨的神情，溥仪冷冷地呆在旁边，现场气氛肃穆。

隆裕太后不想多待，草草地就退朝了。胡惟德又领着大臣们走出乾清宫。一路上，大臣们都无话可说。走出宫门，胡惟德坐着车直奔袁世凯居住的石大人胡同外交大楼，向袁世凯报告去了。

短暂复辟

袁世凯坐上大总统宝座之后，在私下，不时对满族贵族表示溥仪不能离开皇宫和太庙。这些做法给紫禁城里的人和遗老旧臣带来了不少虚幻的希望。

京城不断传出复辟的消息，复辟之风越刮越烈，仿佛复辟唾手可得。公元1914年被人们称为"复辟年"。可是到了年底，北京城里的风向转了，有官员提出要追查复辟传闻的来源。袁世凯乘机把这一提议批交内务部"查明办理"。曾经几次在公开场合演讲，要求还政于清的宋育仁遭到处分，被步军统领衙门递解回籍。许多四处鼓吹复辟的人开始惶恐不安了。但是，袁世凯在民政部关于查办复辟的呈文上指示既要严禁复辟谣言，也要做到既往不咎。更令人不解的是，袁世凯居然送给被递解回籍的宋育仁三千块大洋。而宋育仁在递解回家的沿途，受到各州县衙门的酒宴迎送，简直不知是惩罚还是奖励！

直至民国四年（1915年），袁世凯紧锣密鼓地筹划称帝的时候，这其中的蹊跷方才被揭开。

随着袁世凯准备称帝的迹象越来越明显，紫禁城里的气氛起了急剧的变化。为了准备袁世凯的登基，在养心殿的台阶上，可以清清楚楚地看到乾清门外三大殿的油缮工程。袁世凯也不再掩饰，吃饭的时候也奏乐，讲究"钟鸣鼎食"，简直是皇帝的气派。居住在紫禁城里的溥仪时时能听到来自中南海的演奏声。太监总管张谦和也会给溥仪讲袁世凯的气派，说袁世凯吃饭时摆在面前的菜肴比太后还要多，有成群的人伺候在他的左右。这些刺激使少年溥仪陷入了深深的耻辱和愤怒之中。

溥仪虽然年龄还小，但在老师的精心指导下，他已熟读了历朝的兴衰史，他深深懂得"天无二日，国无二君"的道理。溥仪心中清楚，如果袁世凯做了皇帝，就不可能让一个多余的自己存在。

民国五年（1916年）六月六日，袁世凯逝世的消息传进紫禁城，人人都像碰上了大喜事，紫禁城里的气候好像也变了，大有拨云见日、春暖花开之势。而溥仪听多了师傅们说的"本朝深仁厚泽，全国人心思旧"之类的话，逐渐产生了复辟的梦想。

在宫外，还有一批以徐世昌为首的忠于清室的老臣。作为袁世凯的心腹军师，徐世昌曾一度出任国务卿，后因反对袁世凯"僭越"称帝而引退。他曾用密电和张勋、倪嗣冲商议："民党煎迫至些，不如以大政归还清室，项城（袁世凯字）仍居总理大臣之职，领握军权。"这个主意自然得到了张勋、倪嗣冲这些早有此心的旧日同僚的赞同，但由于得不到各国公使的支持，因而没敢及时采取行动。

袁世凯死后，这伙人认为时机已到，他们又开始活动了。他们先后在徐州、南京召开了北洋系军人首脑会议。后来又乘北洋系的首脑、督军们齐往彰德祭奠袁世凯的机会，再次召开了首脑会议，由徐世昌主持。这次会议达成了一致意见，同意复辟。达成共识之后，复辟的活动分成徐州的张勋和天津的徐世昌两个中心。从彰德回来不久，张勋又在徐州邀集各位督军，召开了所谓第二次徐州会议。

在第二次徐州会议上，张勋决定先争取外国人的支持。通过在天津的直隶省长朱家宝，张勋和驻屯天津的一个日本少将取得联系，并得到了他的支持。随后，又通过这个日本少将，张勋与活动在满蒙地区的善耆、蒙古匪首巴布扎布、天津的雷震春等势力取得联系。他们约定，等到巴布扎布的军队打到张家口，便共同行事，完成复辟大业。但是，这个计划因为张作霖的奉军击溃了巴布扎布的军队而流产。

另一边，徐世昌在彰德主持了北洋系军人首脑、督军们会议后，返回了天津，成为复辟的又一个中心。他也希望得到外国的支持。因此，他先派陆宗舆东渡日本试探日本政界的态度。陆宗舆在去日本之前，曾先到徐州访问了张勋，并给张勋看了徐世昌答应日本方面协商的承诺条件，想先得到他的支持。可是，张勋没有对徐世昌向日本的承诺条件发表任何评论，反而对徐世昌请求日方谅解，并要求日方支持他当"议政王"的提议，大发雷霆。张勋对陆宗舆说："难道复辟清朝只是为了成全徐世昌，难道我张某就不配做个议政王吗？"猜忌既生，两个复辟中心分道扬镳。陆宗舆到日本后，发现日本的内阁与军部的意见不一致，内阁对天津驻屯军那位少将的活动不感兴趣。最终，陆宗舆无功而返，国内清室遗老旧臣对这个结果十分不满。他们把矛头指向徐世昌，认为是他用人失当而导致失败。

而后，黎元洪、段祺瑞之间的府院之争，终于为复辟派提供了可乘之机。

此时，第一次世界大战已打了3年，协约国急需各方力量的支援。徐世昌以参战可换得协约国的支持、巩固北洋系岌岌可危的地位为借口，竭力怂恿段祺瑞参战。野心勃勃的段祺瑞早就想以武力统一全国，他打算通过参战换得日本的贷款，以补充内战经费，扩大自己的势力。于是，段祺瑞向国会提交了参战建议。

而大总统黎元洪，为了打击段祺瑞，夺取实权，则同不愿参战的国会议员联合起来。这场表面上是是否参战的交锋，实际上反映的是一场白热化的权势争夺战。人们又把这场斗争称为"府院之争"。一时间，黎元洪占了上风，段祺瑞被罢免国务总理的职位。但段祺瑞并不甘心失败，他在天津策动北洋系的督军们向黎元洪的中央闹独立，要求解散国会，甚至还发兵威胁京师，战争一触即发。张勋看出时机已到，便以应黎元洪邀请出面调解为由来到北京。

6月下旬，张勋在率"辫子军"北上的过程中，迫使黎元洪答应他提出的解散国会的要求。在路过天津的时候，张勋会见了段祺瑞，确认了段祺瑞的态度。张勋认为在徐州召开督军会议时，冯国璋和段祺瑞这些北洋系元老都曾表示同意复辟计划。因而，张勋认为段祺瑞等人都已无问题。因此，张勋把重点放在了态度不明的王士珍身上。他到北京后，很快把王士珍接到了北京。张勋据此认为复辟一事已是万事皆备了。随即，张勋进宫向溥仪请安，表示心意。

这一年，溥仪12岁。但是在汉文师傅们的思想灌输下，溥仪非常崇仰祖宗的德功，日日企盼着能恢复祖业。当袁世凯称帝的消息传入宫中时，溥仪更是悲愤失望到了极点。此时传来的张勋进宫请安的消息，怎么能不令溥仪喜出望外呢？一时间，北京城内翎顶袍褂死灰复燃，"还政于清"的声音，不绝于耳。师傅们仿佛也重新唤起了活力，他们忙于教导溥仪接见、应对张勋的礼仪。

张勋来到养心殿的时候，溥仪早已端坐在宝座上了。张勋向溥仪行跪拜礼请安。溥仪指着旁边的椅子赐座，张勋再次磕头谢恩，才肯坐下。溥仪按照师傅们预先的指示，问徐兖地方军队的情况，但却没有用心去听张勋回答了什么，而是注意起这位"忠臣辫帅"的仪表服饰来了。只见张勋身穿袍褂，胖乎乎的，一点儿也不威武，脸膛黑红，眉毛很重，脖子粗短，如果没有胡子，不像个军人，反倒像个御膳房的太监。溥仪不禁有些失望。

半个月后，陈宝琛、梁鼎芬、朱益潘三位师傅面色庄严地一齐出现在毓庆宫。陈宝琛率先开口，向溥仪禀告道："张勋一早就来了……"听闻此话，溥仪满不在乎地问："他又请安来啦？"这时，陈宝琛严肃地回答："这次不是来请安的。而是万事俱备，一切妥帖，来拥戴皇上复位听政的。大清王朝要复辟啦！"听到这个突如其来的好消息，溥仪先是一呆，不禁有些昏昏然，茫然无措地望着几位师傅。陈宝琛说："皇上是势必要答应张勋的，这是为民请命，天命所归。但是，不要立刻答应，要先推辞几句，然后再说'既然如此，就勉为其难吧'。"于是，溥仪在养心殿召见了张勋。

张勋向溥仪念了一遍他的复辟奏文。奏文中写到，隆裕皇太后心怀仁慈，不忍为了一姓的尊荣，贻害百姓，才下诏同意共和。谁知共和反而害得民不聊生，共和不适合咱的国情，只有皇上复位，万民才能得救。

他念完了。溥仪就按师傅的教诲，假意说道："我年龄太小，无才无德，当不了如此大任。"张勋就和上次会面一样，再次以康熙6岁做皇帝为例子，盛赞溥仪。这时，溥仪又问道："那个大总统怎么办呢？也要给他优待么？"对这个问题，张勋回答说："黎元洪自会奏请自行退位，皇上只要准其奏即可。"说到这里，溥仪才表示接受张勋的提议，说："既然如此，我就勉为其难吧！"就这样，"大清帝国"复辟了。

在张勋奏请复辟之后，作为黎元洪亲家的梁鼎芬师傅自告奋勇地去总统府劝黎元洪退位。很自然地，黎元洪拒绝了这个要求。听了这个消息，陈宝琛和梁鼎芬、朱益藩再次来到毓庆宫要求溥仪说："黎元洪拒不受命，请皇上马上赐他自尽！"听到这么严厉的话，年幼的溥仪感到很吃惊，觉得这样做太过分了，怎么能刚一复位就赐死黎元洪呢，民国不是还优待过清室吗？对此，溥仪当即表示不同意。陈宝琛没想到事事听他的弟子竟会公开反驳他的建议，气呼呼地说："黎元洪非但不退位还赖在总统府不走。乱臣贼子，元凶大憨，焉能与天子同日而语？"

后来，溥仪见师傅们态度坚决就不好再坚持，便让梁鼎芬再去一次总统府。然而，梁鼎芬还没出发，就听说黎元洪抱着大总统的印玺逃到日本公使馆避难去了。

同时，为了抵御逼进北京城的讨逆军，几位议政大臣在商议之后，拟定一道上谕："授予奉天督军兼巡抚张作霖以东三省总督之职，命他火速进京勤王。"上谕写好后，因为锁着"御宝"的印盒钥匙还在醇亲王载沣手里，出于时间上的考虑，陈宝琛当机立断，命人砸开印盒锁头，取出"法天立道"的御宝。但是，这道上谕还是因为在半路被拦截，而未能送到张作霖手里。

软禁生活

张勋的复辟在全国上下的一片反对声中，很快就失败了。虽然太妃还留在紫禁城里，但代表封建王朝的皇上被冯玉祥逐出宫来了。溥仪出宫后，被安顿在醇王府的树滋堂里，他所要处理的第一件事，就是要弄清楚自己究竟面临着多大的危险。此时的溥仪孤立无援，在出宫以前，他曾叫人送信给宫外那些"股肱之臣"，让他们设法营救他逃出国民军的掌握，但是却没有得到一点回复的消息。

可怜的溥仪，非但没有人可以商量事情，甚至没人对他说几句宽心的话。自从溥仪回了王府，他的父亲载沣就惶惶不可终日，也没有好好地站过一会儿，王府里的气氛十分紧张。载沣、载涛、载泽和荣源等人和溥仪一样进了醇王府后，就再也没能出去。

一天，趁鹿钟麟和张璧向溥仪索要玉玺时，溥仪等人向他们提出了诸多请求，如"能否允许本族人和师傅们来这里和溥仪见面"，"可否把屋门外的岗哨撤去"等。第二天，他们便得到了鹿钟麟的答复：大体同意他们所提的各项要求，有的事情即刻可以着手办理。

门禁放宽的消息传出之后，王府里又热闹了起来，昔日的王公旧臣纷至沓来。

紧跟着，段祺瑞通电全国，反对冯玉祥"逼宫"。同时，从日本兵营转来了段祺瑞的密电，上面写着："皇室事余全力维持，并保全财产。"随后，奉军要和冯军火并，外国公使拒绝接受国民军所支持的黄郛内阁宴请的消息随之而来，给溥仪和遗老遗少们带来了极大的希望。

当段祺瑞和张作霖相继来到北京的时候，载涛、载泽和郑孝胥代表昔日的王公大臣前去欢迎。紧接着兵分两路，由郑孝胥去联络段祺瑞，王府的管家张文治去找他的盟兄张作霖，商谈各项亟待解决的问题。他们回来后都带来了好消息：段祺瑞和张作霖也不同意冯玉祥所修正的清室优待条件，很可能要恢复履行原来的优待条件。这个消息令王公大臣们喜形于色。

张作霖还托张文治去邀请庄士敦，想通过庄士敦来打探东交民巷方面的口风。正好王府方面也想通过庄士敦来摸一摸张作霖对溥仪的态度。因此溥仪让庄士敦带了一张他的签名照片和一个大钻石戒指前去拜访张作霖。张作霖明白了溥仪的用意，留下了照片，退了戒指，表示了对溥仪的同情。

形势越来越不利于冯玉祥，不久他通电全国辞职。王府大门口的国民军也跟着冯玉祥撤走了。清室趁此时机向民国政府发动了"反攻"。从王府向民国内务部发出了一份由内务府署名的公函。公函上宣称冯玉祥修改的优待条件无效。同时，王府还频频向外国公使们发出呼吁支援的公函。

但是，敏感的溥仪仍然觉得不能完全依靠段祺瑞。出于稳妥考虑，溥仪在积极准备出洋留学。他同溥佳及两三名随侍，把从宫中带出来的珠宝等贵重物品整理到一个手提箱内，随时准备出行。

就在溥仪做好一切准备，马上就要出国留洋的时候，郑孝胥带来了一个令人震惊的消息。一天，郑孝胥拿着《顺天时报》请溥仪过目，并指着一条消息说，冯玉祥的军队入京以后，"赤化主义"乘机活动，最近竟出现数万张传单，主张"不要政府真自治，不要法律大自由"……溥仪越看越心惊，越看越害怕。正当他手足无措的时候，庄士敦又带来了一大沓外国报纸，上面的消息更令溥仪慌张。庄士敦告诉溥仪北京的形势发生了十分微妙的变化，"共产党散发了大量的传单，攻击西方各国，声称要彻底反帝反封建。冯玉祥的部队又蠢蠢欲动，准备围攻京城。皇上如果继续住在这里，随时都可能发生危险。"此时的溥仪最怕听到"冯玉祥"三个字，他已经完全没有了主张。他紧锁眉头，直愣愣地瞅着庄士敦，投以求救的目光，问道："庄老师，现在应该如何是好呀？"还没等庄士敦回答，罗振玉和陈宝琛就慌慌张张地闯了进来，完全失去了往日的风范，他们顾不得什么"君臣礼仪"，连忙向溥仪禀告说："皇上，大事不好了，我们从日本人那里得到情报说，冯军已占领了颐和园，不出两三天就要围攻北京了。"

庄士敦见大家已经完全乱了阵脚，就发表意见道："目前，国内时局动乱不定。我看唯一的办法就是陛下抢在冯玉祥进攻北京城之前，设法离开王府。只要能潜入东交民巷的使馆区域内，陛下的安全就能得到保证。"庄士敦犹如一根救命稻草。溥仪急不可待地同意了："庄先生的主张正合朕意。冯玉祥的部队已兵临城外，现在也只有走这条路了。"郑孝胥、庄士敦、陈宝琛、罗振玉等人秘密议定了溥仪潜出王府的计划。

第二天一早，溥仪就把随侍李国雄叫到跟前，吩咐说："一会儿，庄士敦先生要和我们一起去裱褙胡同看一所租用的房屋，如果王爷问起来，你就这样告诉他。"话音刚落，庄士敦就到了。溥仪又转过头向李国雄叮嘱了一番，便带着童侍李体育，随庄士敦离开了王府。但是溥仪的汽车刚刚走出王府，就有一辆黑色的轿车紧紧尾随其后。在鼓楼附近，溥仪命司机在拐弯处减速，他自己从后车窗窥望跟踪他的汽车。这一看，他才知道驾驶汽车的是醇王府的大管家张文治。原来是王爷不放心，专门派大管家来监视溥仪。

溥仪看明白以后，不禁皱起眉头，非常生气。庄士敦也看出他们被人跟踪了，于是他叫司机停车，和溥仪一起下车，围着一幢漂亮的宅院兜了一圈，摆出看房屋的样子。张文治的车则停在距南池子不远的街口，远远地看着。

为了把张文治甩掉，庄士敦示意司机坐在后面，由他自己亲自驾车向东交民巷方向疾驰而去。不一会儿，汽车在东交民巷西口的乌利文洋行前停下，庄士敦与溥仪再次下车，走进了洋行，溥仪在这里买了一块法国金壳怀表。可出来一看，张文治还等在外面。这时，庄士敦又想出了一个甩掉张文治的办法。他让溥仪假装不舒服，用手捂住肚子大叫。庄士敦也装出很着急的样子，连忙命李体育将溥仪扶上汽车，驾车向德国医院开去。尾随紧跟的张文治，见溥仪等人进了医院，知道无法再监视，于是不得不回王府报告去了。

庄士敦把溥仪安排在德国医院的二楼休息，让溥仪在这里等候，自己则赶去和英国使馆交涉。但是，庄士敦走后久久不见回来，溥仪不免心中焦躁，生出许多不安的想法来。这时，陈宝琛、郑孝胥相继来到医院。郑孝胥趁庄士敦一去不归、溥仪没有主张的时候，向溥仪进言："事关皇上之安危，不容敷衍拖延，皇上莫急，请在此静候，臣去去就来。"不出半个小时，郑孝胥就神采飞扬地回到医院，等他一进门，就向溥仪"报喜"说："皇上，臣去日本兵营，竹下大佐已慨然应允，请皇上即刻起驾前往。"就这样，在这场争夺溥仪的斗争中，代表英国利益的庄士敦败给了代表日本利益的郑孝胥，而溥仪投向了日本。

对此，庄士敦曾心情复杂地说："我被郑孝胥欺骗了。"其实，他根本不知道郑孝胥与日本使馆早有勾结，更不会提防郑孝胥，他本来打算先把溥仪接入德国医院，再由他去向英国或荷兰使馆交涉。但是，半路杀出个程咬金，等他联系使馆之后，溥仪已被郑孝胥接到日本使馆去了。不久以后，庄士敦便回英国去了。

溥仪逃入日本使馆后，日本公使芳泽采取了一系列行动。他先是为溥仪安排住宿房屋，又派池部书记官同中国外交部的沈次长见面，请沈次长把日方的意见转达给新任执政段祺瑞，以免两国生出误会。陆军中将曲同丰代表段祺瑞执政府亲自前往日本兵营会见竹本大佐，表示段祺瑞执政府的意见，他们表示"愿意尊重逊帝溥仪的自由意志，并于可能范围内，保护其生命财产的安全"。至此，溥仪感到自己的生命和财产有了保障，心中的一块石头落了地。

一切安排就绪后，溥仪又派人去王府接他的皇后婉容和妃子文绣。但是，这件事因为王府方面的阻拦而没有成功。后来，日本使馆还派了一名书记官前去交涉，也没成功。最终，还是日本公使芳泽亲自去找了段祺瑞，才把婉容和文绣连同她们的太监、宫女接到了日本使馆。

起初，日本使馆给溥仪安排了三间房子居住。但是，随着婉容、文绣和随从们的到来，原先居住的屋子显然住不下了。为解决住房紧张问题，日本方面腾出一所楼房，专供溥仪使用。日本公使馆还全套恢复了"大清皇帝"的奏事处和值班房制度。对此，溥仪非常感激，他曾表示："我在这里遇到的热情，不仅是空前的，也许还是绝后的。"但是，他太天真了，随后的事情恐怕是他怎么也想不到的。

溥仪进了日本使馆，并不意味着自由，从此他被两个亲日派大臣郑孝胥和罗振玉控制住了。而另一方面，以载沣为首的王公们来到日本使馆，希望能劝溥仪回心转意，回王府居住。他们告诉溥仪，段祺瑞和张作霖都向他们做了保证，只要他们在，国民军肯定不能任意行事，现在王府已经很安全了。但是，此时的溥仪已经完全相信罗振玉所说的，段祺瑞和张作霖是见他已进入了使馆才作的保证，如果他回到王府，国民军还在北京，那结果就很难说了。所以，他甘心作日本人的禁脔，拒绝了王公们的要求。

为了留住溥仪，争取他的欢心与信赖，日本公使芳泽谦吉真是费劲了心机。他甚至不顾身份，让自己的夫人亲自伺奉溥仪。芳泽所做的一切努力，都是为了日本政府的利益。这里面隐藏着一个巨大的阴谋。他们要在时机成熟的时候，从溥仪身上捞取从袁世凯和张作霖那儿欲取而尚未取到的东西。

清朝的遗老遗少、王公旧臣们对日本使馆优待溥仪的行为十分兴奋，他们仿佛又看到了希望，又活跃了起来。他们有的给段祺瑞执政府打电报，要求恢复对清室的优待条件；有的向溥仪进奉银钱供他使用；甚至还有人专门从外地跑来给溥仪请安，谋划复辟大事。

种种迹象表明，在日本的扶植下，那个被逐出紫禁城的"小朝廷"似乎又显出了"中兴"的势态。溥仪更是全心全意地相信日本人是自己在危难关头的"救命恩人"，将来则是支持和帮助自己"恢复祖业"的"贵人"。

不幸的婚姻生活

溥仪的婚姻生活充满了不幸。先后几个女子成为清朝亡魂的殉葬品。1922年，溥仪"大婚"，娶了一后一妃。这就是婉容和文绣。

围绕这场大婚发生了一场复杂的权力斗争。"皇后"郭布罗·婉容，字慕鸿，与溥仪同年，年方十七，风姿绰约，是旗人中有名的美女。她出生在高贵的皇族家庭。其父荣源，其母是皇族贝勒毓朗的次女爱新觉罗·恒馨。文绣年龄更小，只有12岁，其父端恭。

1921年，溥仪16岁的时候，王公大臣们认为"皇上春秋已盛，宜早定中宫"，在取得溥仪和太妃的同意后，开始着手进行选后活动。虽然皇族已走到了末日，但是为了自己的私利，很多人家还是愿意献出自己的女儿。各方女子的玉照像雪片一样飞来，经过几番淘汰，最后剩下了荣源和端恭两家。荣源的女儿婉容得到载涛的推荐和端康太妃的支持，端恭的女儿文绣得到载洵的推荐和敬懿太后的支持。双方势均力敌，明争暗斗，各不相让。一直到第二年春天仍然没有结论，见此情况只好请溥仪"圣裁"。鉴于其中复杂而微妙权力关系，溥仪也只好采取折中的办法——立婉容为后，文绣为妃。

令人疑惑的是，大婚后，溥仪的行为变得有些乖张，不守祖制，没有约束。王公大臣们时时担心"皇上"又做出什么出格的事情。出逃失败后，溥仪接受庄士敦的建议，要"励精图治"，还心血来潮地下令整顿小朝廷内部，清查财务。这一举动，更使大臣们胆战心惊。

溥仪投靠日本人后，皇后婉容也跟他来到了伪满。1933 年秋末，婉容经常觉得身体不舒服，时时欲呕，而且特别想吃酸味水果。专门伺候婉容的太监孙寿、赵荣升在每天例行向溥仪汇报"皇后"的衣、食、住、行情况时，向溥仪通报了这个情况。

溥仪对"皇后"的反常十分奇怪，就向奶妈王焦氏询问，向她描述了婉容的种种不适。听到溥仪的叙述，阅历丰富的奶妈就按捺不住内心的喜悦，打断了溥仪的话，跪拜在地上向溥仪祝贺道："恭喜皇上，贺喜皇上，皇后这是有喜了，愿上天降一皇子，以继承……"

"继承个屁！"溥仪怒不可遏地打断了平日敬爱有加的乳母的话。溥仪反常，使得这位含辛茹苦哺育他长大成人的奶妈非常吃惊。她怎么也不明白，同治和光绪两代均没有后嗣，如今"皇上"在年近30 岁的时候，听到"皇后"有喜的事，为什么会如此动怒呢？乳母忍不住又试探着说："皇上，皇后周身不适、呕吐、想吃酸的，这些都是喜兆。"听此，溥仪更加生气："住嘴！朕不信这些鬼话！这件事只有你知道，不许对任何人讲，不许张扬，听见了吗？"听完这些，乳母隐隐约约地感到这其中肯定有什么难言之苦。而溥仪只是不停地在屋内踱来踱去，犹如一只困兽。

就是连奶妈这样溥仪最贴身的侍人也不知道，自幼寄身于腐烂的宫闱之内，溥仪早已伤了身体，构成男性生理缺陷。即使他曾长期注射男性激素，也无法补救。

为掩饰自己的缺陷，溥仪以"朕"是"天子"，不过凡人生活，非到时日而不能轻动为托词，避免和婉容过正常的夫妻生活。这也是造成婉容心情苦闷的最直接原因。久而久之，婉容便与从十几岁起便一直跟随在她和溥仪身边的随侍祁继忠和李体育发生了暧昧关系。

溥仪在暴怒之下，亲自打电报给留守在天津办事处的溥修，让他请来天津德国医院的白大夫。白大夫对婉容进行了全面的诊察，果然发现她怀有身孕。事情败露后，婉容呵退左右侍女，不惜双膝跪在地上哀求白大夫为她严守秘密，保住腹中的胎儿。但是，白大夫怎么敢对溥仪隐瞒真情呢？他如实向溥仪作了报告。

在溥仪的严厉逼问下，婉容吐露了她与人私通的真情。真相大白后，溥仪赶走了李体育，开除了已送去日本留学的祁继忠。就连陪伴婉容的傅妈和侍女张春英都遭到了责罚。最后，他计划秘密"废后"，以携带婉容去旅顺避寒为借口，把她甩到外地去。但是，终因婉容坚决不去而使计划告吹。

但是，溥仪心中的一股怒气难以消弭。他令司房总管严桐江用一块屏风将他的"寝宫"与婉容的"寝宫"分成两部分。除了伺候婉容的太监、仆妇、侍女外，任何人不经溥仪的批准，不能与婉容

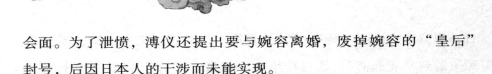

会面。为了泄愤，溥仪还提出要与婉容离婚，废掉婉容的"皇后"封号，后因日本人的干涉而未能实现。

为了肚子里那个即将问世的无罪婴儿，婉容也曾泪流满面地跪在溥仪面前，哀求他宽恕，请求他的承认。但是，溥仪这个高高在上的"天子"怎么能承认凡人之身是他的"龙种"呢？最后，溥仪勉强同意孩子生下后，送到宫外，由婉容的哥哥润良负责雇佣保姆抚养。可是，当婉容满怀欣喜地生下一个女孩后，这个可怜的孩子存在了还不到半个小时，就被残忍地送到内廷东侧的锅炉房焚烧了。

始终没有人告诉可怜的婉容事情的真相。她还每月按时向哥哥支付着女儿的抚养费。但是，这种爱女被夺走、丈夫虽然近在咫尺却如远在天边，亲人们同在一城却难得相见的不堪忍受的"囚禁"生活，最终把婉容逼疯了。

后来，当婉容从润良那里得知孩子已经死了的消息时，她再也经受不住这沉重的打击，精神彻底崩溃了。从这天起，她时哭时笑，时骂时闹，不梳头、不洗脸、不更衣、不沐浴。偶尔精神有好转的时候，就坐在卧室中，神情呆滞地摆弄当年溥仪赏赐给她的银烟盒、方形银珐螂抽屉盒、银质日月瓶等物品。余下的时间，就是吸鸦片。渐渐的，她的眼睛凹陷了，牙齿变黑了，脸色蜡黄，躬腰驼背……昔日那个明眸皓齿，活泼好动的小女孩就这样凋零了。

为填补空虚的心灵，溥仪于1937年又增添了一位后宫的摆设，这就是谭玉龄，她被封为"庆贵人"。

谭玉龄也出身于满族贵族家庭，原姓他他拉氏，后改汉姓"谭"。17岁，当她在北京的一所中学读书的时候，被溥仪看中，进入了这个伪满后宫。

1937年，严桐江把谭玉龄带到了溥仪的面前。农历二月二十五日，溥仪正式为谭玉龄举行了"册封"仪式。这天一大早，溥仪召谭玉龄到"无逸斋"，亲自授给她一柄带有"祥"字的三镶玉雕龙凤如意，然后带她来到位于勤民楼二楼的奉先殿，叩拜列祖列宗，正式"册封"她为"庆贵人"。从此，又一只小鸟儿被困在了这个小天地里。

宫中所有的人都认为溥仪对"庆贵人"的宠爱远非婉容和文绣所能比的。在这个宫里，溥仪的"寝宫"在楼上，谭玉龄的"寝宫"在相对的楼下，中间设有一个可供单人上下的楼梯通道。溥仪有时候也在谭玉龄的房中过夜，但尽管如此，谭玉龄也未能与溥仪过上正常的夫妻生活。

后来，极度郁闷的谭玉龄不幸病逝，这给溥仪的打击很大。为了表达对谭玉龄的追思，溥仪亲书"谕旨"，追封谭玉龄为"明贤贵妃"，并为谭玉龄举行隆重的祭奠和葬礼。

谭玉龄死后不久，吉冈便建议溥仪娶一个日本妻子，甚至还带来了早就准备好的数十张日本姑娘的照片让溥仪挑选。溥仪本就怀疑谭玉龄的死因，心情十分不好，根本没有心思纳妾，如今吉冈如此急迫地叫他娶一个日本姑娘，无疑是要在他身边安插一个监视的耳目。溥仪不敢公然拒绝日本人的要求，便提出了以"谭贵妃尸骨未寒，无心谈及"为挡箭牌。吉冈一计不成，又生一计，拿出一些在旅顺的日本学校读书的中国女学生的照片让溥仪挑选。这些学生虽然是中国人，但是溥仪担心这些女学生是日本人训练好的，是为日本人服务的，因此他再次找借口婉言谢绝了。可吉冈仍不死心，又拿来数十张在长春读书的女学生的照片，让溥仪挑选，每张照片的后面还贴着一张写有该人简历的卡片，可谓用心良苦。

溥仪实在没有办法推托，就叫来了几名亲近宗室的宫廷学生到他的书斋翻看这些照片，帮他拿主意。溥仪希望挑一个看起来天真、单纯、幼稚、忠厚老实的姑娘，以便于他将来训练和掌握。经过反复斟酌，他选定了南岭小学一名15岁的少女。这就是李玉琴，她的父亲是一家小饭馆的厨师。

李玉琴第一次进宫，就被"请"到司房中里里外外彻底地消毒了一番。这番阵势着实把她吓了一跳。后来才有人向她解释，这是因为溥仪有怪癖的缘故，任何进入内廷的人都要先行消毒，就连外边送进来的书报，也必须经过消毒后才能呈送溥仪阅看。

李玉琴进宫一个月后，溥仪挑了一个良辰吉日给她行"册封"礼。当时，在"册封"谭玉龄时，溥仪封她为"庆贵人"，希望能给他带来吉庆。如今该给李玉琴"册封"什么呢？略一思索，他对胖乎乎的李玉琴说："你的样子是很有福气的，就叫'福贵人'吧，以后遇到什么不吉利的事情，用你的福就可以克住了。"

随后，"福贵人"被安排在同德殿二楼间道南侧的几个房间里居住。李玉琴住的房子十分宽敞，内中摆设也非常豪华，分为客厅、梳妆室和卧室三间。

年幼无知的李玉琴十分相信溥仪的话，特别是经过溥仪的"训教"后，更是对溥仪言听计从。甚至连溥仪对她说的"皇上"、"贵人"都不是凡人，不能像人间夫妻那样生活，只能是说说笑笑，谈谈心，解解闷这样的荒唐的话语她都信以为真。

有一次，远房侄辈毓嵣的额娘在进宫陪伴"贵人"闲聊的时候，谈起了男女结婚和生孩子的事情。李玉琴对这些话感到十分新鲜，当天晚上她就把这些听来的话告诉了溥仪。第二天，溥仪就怒气冲冲地传来毓嵣，责令他转告他的额娘，不许和"贵人"扯东道西，更不准说男女之间的事情。

末代皇帝溥仪一生充满了不幸，他不仅婚姻生活不幸福，甚至连做个普通人的资格也被剥夺了，1945年日本投降后，溥仪被苏联红军俘虏。

重新做人

溥仪被押往苏联后，先在赤塔一处疗养院住了两个月，而后便与相继押送到这里的其他伪满战犯一起，被转移到了离中国不远的一个收容所，在那里度过了5年的拘留生活。

1950年7月，苏联政府将溥仪及其他伪满战犯全部移交给了中国政府。从此，溥仪开始了为时9年脱胎换骨的改造和自我改造生活。"皇帝"战犯的脱胎换骨与常人有所不同，溥仪在9年的改造与自我改造过程中，经历了一个比普通伪满战犯更为艰苦复杂的过程。

被引渡回国之初，溥仪只想到死。从在苏联听到回国的消息后，他就认为这次必死无疑，共产党决不会轻饶了他这个皇帝加头号战犯。

然而，自从他到了中国土地上后，溥仪所经历的一切都令他大惑不解：政府没有立即处死他，而是把他送到抚顺战犯管理所。同别的战犯一样，战犯管理所安排他洗了澡，换了衣服，发给了一些生活必需品，甚至还配给了香烟。朝鲜战争爆发时，中国政府出兵援朝抗美，伪满战犯们几乎一致认为美国人会打进来，共产党会像历代王朝一样，在关键时候要先处理掉所有关押的重大犯人，结果是美国人没打进来，共产党更未把他们处理掉。

经过长达两三年之久的默默观察，到抗美援朝战争胜利又回到抚顺时，溥仪已经意识到他不会被处死，可以和其他人一样活下来了。"真龙天子"和常人原本也没有什么两样，溥仪从此开始考虑如

何度过以后的时光。

死的问题解决了，对其他伪满战犯来说，已不再有过不去的关口，绝大部分人都不再怀疑共产党的政策，开始努力学习，积极改造，争取得到政府宽大处理。可是对"皇帝"战犯来说，情况就大不相同了。

溥仪前半生虽然在政治上三起三落，特别是伪满14年，无异任人摆布的木偶。但在个人生活方面，他却始终是按照皇帝标准，拿着皇帝的架子，即使是在苏联的5年间，也从不曾自己穿过衣服、叠过被子，甚至连脚都没自己洗过。成为战俘前，自然有人服侍，成了战俘后，他的弟弟溥杰，侄子小秀、小固、小瑞以至岳父荣源，都曾自觉自愿地以臣仆的身份为他端饭，铺床叠被，穿衣洗脚。在家族中，溥仪依然是"皇上"，所不同的只是这些人不再明着称他"皇上"，而是悄悄地叫他"上边"了。因此，当战犯管理所为了使溥仪获得改造，把他与家族成员分开，安排其他伪满战犯和他住在一起时，这位"皇帝"战犯遇到了有生以来未曾遇到的"难题"：他不但要自己端饭、整理床铺、穿脱衣服、洗脚、洗衣服，而且还要和别人一样轮流做值日，打扫房间卫生，甚至还要提马桶！起初，溥仪觉得这是管理所故意要他难看，因为这些事他从未做过，也不会做，以致早晨起床时，他还没穿好衣服，别人已经跑操去了，他未洗漱完，别人又开始吃饭了。每当溥仪感到自己无能，为自己事事落于人后而痛苦时，战犯管理所的同志就来帮助、开导他，同时也循循善诱地引导他认识过去，反复讲明共产党和人民政府的政策，鼓励他好好改造自己，争取做个新人。

自1955年起，战犯管理所一方面带着溥仪一行伪满战犯到东北各地参观工厂、矿山、农村、学校，请各方面的人诉说日本帝国主义和伪满政权的种种罪行，一面在加强思想教育的同时，允许战犯们的亲属写信和前来探望，促使他们认识自己的过去，看到光明的前途。溥仪同其他人一样，在这一过程中，他亲眼看到了新中国的成就，亲耳听见了那些伪满时期受尽非人折磨的人们，在诉说了他们这些过去的魔鬼的罪行后，又说出了希望他们能改造成一个正常人的动人心魄的话语。慢慢地，溥仪有了正常人的感情，开始认识自己的过去，并暗中盘算自己是否也能在什么时候过上一个正常人的生活。

1957年，溥仪与七叔载涛的见面，终于燃起了他重新生活的希望之火。时年69岁的载涛，是溥仪嫡亲长辈中仅存的一人。这位清末的"涛贝勒"、"军谘大臣"告诉十几年未见面的侄"皇上"：爱新觉罗家族的老人，新中国成立后都各尽所长，生活得很幸福，青年一代更是朝气蓬勃，为建设新中国积极贡献力量，他这个"皇叔"已当选为全国人民代表大会的代表和全国政协委员，多次见到毛泽东、刘少奇、周恩来等党和国家领导人，毛泽东主席要他来看看"皇上"……从此以后，溥仪真的变了。

1959年，中华人民共和国建国10周年前夕，根据中国共产党中央委员会的建议，中华人民共和国主席刘少奇发布了特赦令。12月4日，溥仪被特赦释放。12月9日，离开出生地整整35年的溥仪终于回到北京，从此一个新颖、奇特，但又充满幻想的公民生活，开始展现在这位中国末代皇帝的面前。

溥仪真诚而坦率地告诉亲人们说，他想见见周恩来，也想见见毛泽东，他要把获得特赦的喜悦心情告诉两位恩人。但他知道这事恐怕实现不了，国家领导人日理万机，哪有工夫见他这样的普通公民？何况又是历史罪人。

当天晚上，溥仪辗转于床，思绪万千，久久不能入眠。第二天上午，溥仪由住在同院的同族六弟溥俭陪同来到公安派出所办理户籍手续，他终于成为在北京市有正式户口的普通市民了。下午，溥仪让五妹韫馨陪着上街，溥俭也一块儿去了。他们先来到民族文化宫，在高高的塔楼前照了一张相。溥仪说："我这个满族人，曾给国家造成灾难，只有人民政府才能给少数民族带来幸福生活，这样宏伟的民族文化宫正是一个象征。"他们又来到天安门广场，在背衬天安门城楼西侧标语"中华人民共和国万岁"的金水桥边又照了一张相。

自 1960 年 3 月起，溥仪开始了自食其力的新生活。他先在中国科学院植物研究所北京植物园半日学习，半日做些力所能及的工作，主要是熟悉新的生活环境。一年后，他到了全国政协文史资料研究委员会任专员，负责清理清末和北洋政府时代的文史资料，但仍坚持每周到植物园去劳动一两天，工作闲暇，撰写自传《我的前半生》。在人民政府和各方面人士的共同关心帮助下，1962 年 4 月 29 日，溥仪与北京关厢医院的一名普通女护士李淑贤重新建立起幸福美满的小家庭。

正当溥仪沉浸在新生活的幸福和欢乐之中时，可怕的病魔悄悄向他袭来。其实，溥仪前半生长期的非正常人生活早已毁坏了他的身体。1962 年新婚后不久，溥仪就不时溺血，经名医诊治，暂时抑制了病情的发展，加之新生活的愉快，冲淡了疾病折磨的痛苦，表面看上去，身体一直很健康。1964 年底，溥仪病情开始恶化，尽管在周恩来总理的直接关怀和特别保护下，专家为他进行特殊的精心治疗，使他减少了一些痛苦，也基本避开了随后刮起的"文化大革命"旋风的袭击，但他最终没有逃过病魔的袭击，在 1967 年 10 月 17 日凌晨走完了他那艰辛的人生。

溥仪3岁即位，在位却只有3年，尔后在风云变幻的时局下居无定所，终日惶恐不安，甚至曾被日本人囚禁起来，在"文革"中又遭到了不公平的待遇。其实，溥仪的不幸在1908年那个完全没有过去大典时庄严、肃穆、喜庆气氛的登基典礼中就已注定。那时，各地革命党人屡扑屡起，大清江山岌岌可危。年仅3岁的溥仪怎能扭转时局？在懦弱无能的摄政王的辅助下又如何使祖业发扬光大？等待溥仪的不是荣华富贵和辉煌的前程，而是一条布满荆棘的坎坷之路。他注定要为自己的这一特殊身份付出惨重的代价。他的人生败局也是清朝腐朽没落的真实写照。

■ 相关链接

袁世凯

袁世凯（公元1859～1916年），字慰亭，也作慰廷、尉亭，号容庵。出身于河南省项城市王明口镇袁寨一个世代官宦的家族。父祖多为地方名流。袁家在清道光年间开始兴盛，袁世凯的从叔祖父袁甲三曾署理漕运总督，也是淮军重要将领，对袁世凯的思想境界有深刻影响。

曾祖父袁耀东是庠生，生子四人，袁树三是廪贡生，曾署陈留县训导兼教谕；袁甲三是进士，官至钦差大臣漕运总督；袁凤三是庠生，曾任禹县教谕；袁重三是生员。袁树三有子二人，长子袁保中是附贡生；次子袁保庆是举人，官至盐法道。

袁保中捐纳同知，未出仕，在家经营田产。生有两女六子，袁世凯为其第四子。当捻军王庭桢部占领项城城东新兴集、尚店等地，扬言将攻打县城时，袁保中组织团练对抗，在城东北

40里险要处另筑袁寨，举家迁入。

袁保庆于同治五年（1866 年）从家赴山东济南候补知府时，因年老无子，便过继袁世凯为嗣。年方七岁的袁世凯随袁保庆至济南。七年（1868 年）冬，袁保庆以道员发往江苏差遣，袁世凯随往，侨寓扬州，复移南京。袁保庆在江苏受委办理督标营务处，后又任江南盐巡道，与驻守浦口的淮军将领吴长庆过往甚密。由于咸丰年间，太平军围困吴长庆之父吴廷香于庐江，吴廷香派吴长庆向袁甲三求救，袁保庆主张救援，袁保恒则认为兵分则弱，力主不救。为此拖延日久，庐江被太平军攻陷，吴廷香被杀，从此，吴长庆与袁保恒绝交，而于袁保庆订"兄弟之好"。十二年（1873 年），袁保庆因霍乱死于南京，吴长庆渡江视敛，抚棺痛哭，与刘铭传一起帮助料理后事。见到袁世凯时，都十分器重他。

袁世凯扶柩回项城后，对他的教育责任转到袁保恒、袁保龄身上。这两个在京做官的叔叔对他的影响，较之生父和嗣父都更大。十三年（1874 年）春，袁保恒已官至户部左侍郎，回籍探亲，把袁世凯带到北京，聘请名师教导。在内阁中书任上的袁保龄认为袁世凯天资不高，浮动异常，对他的督导尤为严厉。

光绪二年（1876 年）秋，袁世凯回河南参加乡试，可惜没有考中。年底，和沈丘于姓女子结婚，时年 17 岁。翌年初春，又回到北京。袁保恒刚刚调任刑部侍郎，工作繁忙，袁世凯一边读书，一边帮他办事，学得不少官场本领。两位堂叔夸奖他"办事机敏"，是"中上美材"。正遇华北大旱成灾，袁保恒奉命到开封帮办赈务，带袁世凯同行，遇有密要事案，均派他查办、参佐一切。四年（1878 年），袁保恒感染时疫去世，袁世凯返回项城，移住陈州。大约就在此时，袁家兄弟开始分家产，袁世凯于袁保庆名下，得到一份丰厚产业，自为一家之主，自此更加放荡不羁，经常追欢逐乐。还组织"丽泽山房"、"勿欺山房"两个文社，自为盟主。此时，正在陈州授馆的徐世昌与袁世凯结交，拜为兄弟，从此成为袁世凯毕生重要的谋士。五年（1879年），其姑丈张向宸办理河南赈务，委托袁世凯分办陈州捐务，因他集款独巨，张向宸就以袁保恒生前的捐款，移奖袁世凯一个"中书科中书"的虚衔。同年秋，袁世凯再次参加乡试，仍然没有考中。

袁世凯屡试不中，又因为忤逆族里的人，因此不愿再回去家乡，于是率旧部数十人，于七年（1881年）四月，前往山东投奔嗣父袁保庆的密友吴长庆。吴长庆将他留在营中读书，袁世凯谦抑自下，时作激昂慷慨之谈，很快取得吴长庆等人的好感，不久被提拔为庆军营务处帮办，踏上了仕途。

光绪八年（1882年）六月，朝鲜发生兵变。驻日公使电告署理直隶总督张树声，日本想派兵侵台。朝鲜官员金允植也呼吁中国派兵干涉。于是，张树声上奏派丁汝昌、吴长庆率海陆军赴朝，以阻止日本借机生事。

吴长庆仓促出发，军务繁杂，一切筹划都依赖张謇及其助手袁世凯。袁世凯当时的职务是"前敌营务处"，负责军需供应、堪定行军路线等。船抵朝鲜马山浦，一营官说多数士兵晕船，请稍缓登陆，吴长庆立即将此人撤职，命袁世凯代理，袁马上部署，两小时内完成了登陆行动，吴长庆当众大加夸奖。登陆后，吴长庆、丁汝昌接受金允植的建议，诱捕朝鲜大院君李昰应，押解往天津，恢复国王的统治。并派袁世凯率兵镇压起义群众，杀数十人。朝鲜国王设宴款待，袁世凯备受礼遇，甚至为其设立生祠。清政府也对平定"壬午兵变"有功的人员进行奖赏，袁世凯以同知发分省补用，赏戴花翎。

九月，朝鲜国王派使者向清政府致谢，并要求清政府派出教习，帮助朝鲜训练新式军队。李鸿章命吴长庆筹划。吴长庆派袁世凯、朱先民、何增珠等办理编练朝鲜新军。选1000人，分左右营，按淮军操法训练，武器准备由中国供给。朝鲜国王检阅后，极为满意，称赞袁世凯训练有方。决定在江华沁军营中再选500名编为"镇抚营"，仍由袁世凯训练。

朝鲜内部分为开化、保守两派。保守派以闵氏为首，亲近中国，得到吴长庆、袁世凯的支持。开化派以金玉均为首，亲日，企图依靠日本推翻保守派的统治。中法战争爆发后，李鸿章于光绪十年（1884年）三月，命令吴长庆率三营庆军回驻金州，留三营驻汉城，由记名提督吴兆有、张光前统带，奏举袁世凯总理营务处，会办朝鲜防务，袁世凯一跃成为驻朝淮军的重要人物。金玉均等认为中法战争爆发，中国自顾不暇，便寻机刺杀保守派首领，日本公使率日军100余人支持开化派，冲入朝鲜王宫，捕杀保守派。袁世凯会同吴兆有要求李鸿章派军舰赴朝，准备举兵，保守派首领金允植等请求清军援助，袁世凯自行决定派兵入宫，在朝鲜人民的支援下，攻入日军占领的朝鲜王宫，日军自焚使馆，狼狈逃走。保守派重新掌权。

事变后，袁世凯亲率淮军一营驻守王宫，以"监国大臣"自居。他给李鸿章写了一篇长达数千言的报告，认为"莫如趁此民心尚知感服中朝，即派大员，设立监国，统率重兵，内治外交，均为代理，则此机不可失也"。国内即有人指责袁世凯擅启边衅，于是电告袁世凯不要急于公开挑衅日本，一并派吴大澂、续昌前往查办，吴大澂等抵朝鲜后，即命袁世凯撤队回营，听候查办。

袁世凯在吴长庆离开朝鲜之前，已对其小觑之，径自通过其堂叔袁保龄攀缘李鸿章。吴长庆离开朝鲜后，袁世凯更加妄自尊大，"一切更改，露才扬己"，令吴长庆非常难堪。吴兆有、张光前等更不在袁世凯眼中，极力加以排挤，企图将庆军全部掌握在自己手中。此次举兵，几乎由袁世凯一人主动，现在惹来查办，自然所有责任都需袁世凯来负，而袁世凯养官妓、贩卖鸦片、挪用军饷等劣迹，也都一并被暴露出来。李鸿章责令袁世凯如数认赔。并于光绪十年（1885年）十二月十六日解职，离开朝鲜回国。然后，回到陈州老家"隐居"。

次年正月，日本派伊藤博文来天津，和李鸿章谈判中日冲突问题，双方达成协议，中日同时从朝鲜撤军。至于日方提出的惩办袁世凯的要求，李鸿章最后采用折中办法，以私人行文戒饬袁世凯了事。袁保龄致信袁世凯，说伊藤博文极力要动摇你，赖李鸿章相国持正，颇费口舌，自是可感。又写信给李鸿章的幕僚晴笙，说袁世凯受到李鸿章的大力庇护，使他刻骨铭心。

中、日从朝鲜撤军后，沙俄乘机插足，与闵氏集团勾结，企图变朝鲜为其"保护国"。李鸿章决定送李昰应回国，制约闵氏集团，启用"足智多谋"的袁世凯，替代"忠厚有余，才智不足"的陈树棠为驻朝商务委员，叔父袁保龄仍然充当袁世凯与李鸿章之间的桥梁。李鸿章认为袁世凯是"后起之秀"，袁世凯一到天津，李鸿章就接见他，说："如今演戏，台已成，客已请，专待汝登场矣"。袁世凯要求带兵前往，李鸿章笑着说：

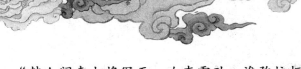

"韩人闻袁大将军至，欢声雷动，谁敢抗拒，……汝带水师小队数十登岸作导引足矣。"袁保龄不愿袁世凯再去朝鲜冒险，希望他加入新建的北洋水师，袁世凯没有接受劝告。他护送李昰应回到汉城，谒见朝鲜国王，面陈一切。闵氏集团颇为困惑和愤懑，禁止文武官员与李昰应来往。袁世凯多方调解无效，授李昰应密计三条后回到天津。李鸿章对袁世凯的行动极为欣赏，上奏为袁世凯请功。十一年（1885年）九月二十日，清政府正式任命袁世凯为"驻扎朝鲜总理交涉通商事宜"的全权代表，并以知府分发，尽先即补，候补缺后以道台升用，加三品衔。

李鸿章的提携使袁世凯感激涕零，上书说："卑府才力驽下，深惧弗克胜任，惟有仰赖声威，敬谨从事，以期不负委任至意"。袁保龄也感到"擢太骤，任太隆"，上书李鸿章表示"两世受恩，一门戴德"。同时他又告诫袁世凯，今后对于清廷和李鸿章的意旨都要用心揣度，"但有几件事办顺手，则令闻日彰，声望渐起矣"，"临事要忠诚，勿用权术，接物要谦和，勿露高兴，庶几可寡尤悔"。十月初七，袁世凯赴朝鲜上任，在汉城建立公署。其随员有唐绍仪、刘永庆等20余人。

李鸿章赋予袁世凯巩固"宗藩关系"的权利，并要求朝鲜国王，有关内政外交事宜，都应随时与袁世凯商量。袁世凯使朝后，俨然以太上皇自居，拒绝与各国公使同席会议，遇事直入王宫，骄横专断，盛气凌人。朝鲜国王多次要求清政府撤换袁世凯，另选一"公正明识者"。在李鸿章的保护下，袁世凯地位不但没有贬低，反而升为海关道存记简放。

袁世凯对世界大势、国际关系全无认识，没有估计到朝鲜局势的迅速恶化，也大大低估了列强的野心。朝鲜东学党起义，

袁世凯极力向李鸿章建议，要求派兵代戡。而此时，日本也极希望中国出兵，以便制造战争接口，于是极力怂恿袁世凯。在袁世凯一力保证"日本必无他意"后，清政府最终决定出兵，而日本也立即出兵。

袁世凯觉察情况不妙，请西方驻朝公使调停，提出中日同时撤兵方案。但日本非但不撤兵，更进而提出将朝鲜变为其"保护国"的条件，进一步增派重兵。袁世凯立即连发3封电报，哀求李鸿章调其回国，李鸿章命令其"要坚贞，勿怯懦"。六月十三日，袁世凯称病，再次要求回国，获准。六月十九日，袁世凯回到天津，惊惶异常，要求李鸿章把朝鲜丢给日本占领。李鸿章令袁世凯赶赴平壤，协助周馥，联络各军，筹办饷械。袁世凯要求调任他职，李鸿章严令"即回本任"。袁世凯托堂弟袁世勋寻找翁同龢、李鸿藻设法，李鸿藻奏请让袁世凯统一军赴前敌。袁世凯无法，只得遵命。后随着部队接连败退。

马关条约签订后，舆论谴责李鸿章，而作为诱发战争的罪魁祸首，为躲避责任，袁世凯眼看李鸿章将要失势，即不时与翁同龢、李鸿藻联络，提供不利于李鸿章的证据，并亲自撰文，弹劾李鸿章。因此得到顽固派的赏识，被任命训练新军。

二十一年（1895年）十月二十二日，清政府命令袁世凯接管"定武军"十营，作为改练新军的基础，驻扎天津附近的小站。袁又添募2000余人，依照德国军队的编制，编成"新建陆军"，聘请德国军官进行训练。二十三年（1897年），因练兵有功，升为直隶按察使，仍专管练兵事宜。

二十一年（1895年）闰五月，袁世凯把康有为的"万言书"递交到督办军务处，并参加强学会。二十四年（1898年）

七月，变法运动达到高潮，袁世凯派徐世昌到北京与维新派联系。光绪帝接受了维新派"抚袁以备不测"的主张，召见握有重兵的袁世凯，特赏候补侍郎，专办练兵事务。八月初三日晨，康有为、谭嗣同等接到光绪帝求救和催促康有为离京的密诏，当晚，谭嗣同在法华寺密访袁世凯，要求他杀荣禄，除旧党，助行新政。袁当面一口答应，并慷慨激昂地说"诛荣禄如杀一狗耳"。事后，经过反复权衡，认为维新派实力有限，难成大事，于是立即返回天津，向荣禄告密。慈禧囚禁光绪帝，捕杀谭嗣同等"六君子"，戊戌变法失败。袁世凯因此取得荣禄等的信任，从此进一步飞黄腾达。袁世凯的新建陆军随即改名为武卫右军，成为荣禄掌握的"武卫军"之一。不久，升工部侍郎，仍专管练兵。二十六年（1900年）二月十四日，升授山东巡抚，率领武卫右军赴任。时正值山东义和团运动高涨，袁世凯颁布《严拿拳匪暂行章程》，镇压义和团运动。

八国联军侵华后，清政府命令袁世凯率军拱卫京师，但袁世凯只派少数兵力到山东、河北交界处虚于应付。派人与各国驻烟台领事洽谈，按照东南互保例达成协议，表示"中立"。一面，向逃亡中的慈禧进贡饷银、绸缎，两面讨好。

八国联军侵华战争，使荣禄的4支武卫军全部崩溃，只剩袁世凯的武卫右军完整保存下来。且在镇压义和团过程中，袁世凯又借机扩充"武卫右军先锋队"二十营，所部已约2万人，成为北方最大的武装力量。

二十七年（1901年），李鸿章逝世。被李鸿章大骂为小人的袁世凯署理直隶总督，兼充北洋大臣（翌年改为实授），在内、外政策方面，完全继承李鸿章的衣钵，并将淮系集团全部吸收过来，政治、军事势利迅速膨胀。清政府筹办新政，成立"督办政务处"，让袁世凯兼任参与政务大臣、练兵大臣。他在保定创设北洋军政司（后改为北洋督练公所），自兼督办。下辖兵备、参谋、教练三处，以刘永庆、段祺瑞、冯国璋分任总办，开始编练北洋常备军，即北洋军。同时，奏派赵秉钧创办天津及直隶各州县巡警，将京畿警权掌握在手。此后，又兼任督办商务大臣、电政大臣、铁路大臣。二十九年（1903年）十一月，他建议清政府设立练兵处，编练新军，请庆亲王为总理练兵大臣，自己为会办大臣。编成北洋军6镇，共6万余人。除第1镇是铁良统率的旗丁外，其余皆是袁世凯的亲信，以袁世凯为首的北洋军阀集团基本形成。

袁世凯权高震主，三十三年（1907年），清政府调他为军机大臣兼外务部尚书，削去了兵权。三十四年（1908年），光绪帝与慈禧先后死去，宣统皇帝继位，摄政王载沣监国，以袁世凯有足疾为名，勒令其回河南彰德养病。

宣统三年（1911年），武昌起义爆发。清廷被迫起用袁世凯为湖广总督，然后又任内阁总理。袁世凯借机迫使清帝退位，南京参议院也只得选袁世凯为大总统。其后，袁世凯下令解散国会，废除《中华民国临时约法》，接受日本提出的《二十一条》，实行帝制，改元鸿宪。蔡锷等在云南发起讨袁的护国战争，贵州、广西、广东、浙江等省纷纷响应。

民国五年（1916年）二月十九日，袁世凯被迫宣布取消帝制，仍称大总统。五月初六，袁世凯因肾结石转为尿毒症，在举国上下一片责骂声中，忧病而死。终年57岁。